Autor _ Descartes
Título _ O mundo ou tratado da luz

Copyright _	Hedra 2008
Tradução© _	Érico Andrade
Corpo editorial _	André Fernandes
	Bruno Costa
	Iuri Pereira
	Fábio Mantegari
	Caio Gagliardi
	Jorge Sallum
	Oliver Tolle
	Ricardo Martins Valle
	Ricardo Musse

Dados _ Dados Internacionais de Catalogação na Publicação (CIP)

1. Descartes, René (organização e tradução Érico Andrade) 2. Filosofia francesa. — São Paulo : Hedra : 2008 . Bibliografia.

ISBN 97-8857715-066-3

I. Título II. Filosofia.

08-030   CDD-194.7

Índice para catálogo sistemático:
1. Filosofia Francesa 194.7

Direitos reservados em língua portuguesa somente para o Brasil

EDITORA HEDRA LTDA.

Endereço _ R. Fradique Coutinho, 1139 (subsolo) 05416-011 São Paulo SP Brasil
Telefone/Fax _ (011) 3097-8304
E-mail _ editora@hedra.com.br
Site _ www.hedra.com.br

Foi feito o depósito legal.

Autor _ DESCARTES
Título _ O MUNDO OU TRATADO DA LUZ
Organização e tradução _ ÉRICO ANDRADE
São Paulo _ 2008

hedra

René Descartes (La Haye, 1596-Estocolmo, 1650) está entre os mais importantes filósofos da modernidade. Em 1616, licencia-se em direito pela Universidade de Poitiers, onde também inicia por conta própria seus estudos de medicina. Em 1618, alista-se no exército do príncipe Maurício de Nassau, movido não só pelo desejo de conhecer novos países e culturas, mas por ver aí uma oportunidade de dissecar e examinar cadáveres, prática proibida na época. Ainda jovem, conhece na Holanda o matemático Isaac Beeckman, que o incentiva a se aprofundar na mecânica e na matemática. Após abandonar a redação das *Regras para direção do espírito*, em que se ocupa principalmente da metodologia do conhecimento, Descartes dedica-se a questões estritamente científicas. Compilou várias delas em *O mundo*. Aos 41 anos, com a publicação do *Discurso do Método* e seus *Ensaios* (1637), torna-se referência para os estudos de física e matemática. A sua obra metafísica *Meditações* (1641), na qual reformula e desenvolve a quarta parte do *Discurso do Método*, traça os contornos do cenário filosófico dos séculos XVII e XVIII. Descartes estipula, por um lado, o isomorfismo entre mundo e geometria e, por outro, estabelece as principais características do sujeito moderno, que procura em si mesmo os fundamentos do conhecimento certo e evidente. Conhecido em toda Europa, Descartes é convidado pela rainha Cristina da Suécia para ser seu tutor nos assuntos de filosofia e ciência. Não resiste ao frio e ao horário das aulas – cinco da manhã, exigências de uma rainha excêntrica – e morre de tuberculose em Estocolmo em 11 de fevereiro de 1650.

O mundo ou tratado da luz (*Le Monde ou Traité de la Lumière*, 1632-1633) contempla questões cosmológicas e questões relativas ao comportamento e natureza da luz. Seu principal propósito é colocar em dúvida as certezas da ciência escolástica, radicada no aristotelismo, e instaurar um novo paradigma, conforme o qual se substitui uma ciência qualitativa — voltada à compreensão da essência dos objetos — por uma ciência quantitativa, preocupada em descrever o comportamento dos corpos segundo um sistema mecânico. O mundo inaugura uma nova fase na história da ciência. Nele se encontram algumas das conquistas definitivas da física clássica: a lei da inércia, a lei da refração da luz e as bases para aquilo que será denominado de princípio da conservação da quantidade e movimento. Para facilitar o cotejo com o original, foi inserida na presente tradução a respectiva paginação da edição crítica das obras de Descartes organizada por Charles Adam e Paul Tannery.

Érico Andrade é doutor em filosofia pela Sorbonne (Paris), leciona filosofia na Universidade Federal de Alagoas e é professor convidado do programa de pós-graduação da Universidade Federal de Pernambuco.

SUMÁRIO

Introdução, por Érico Andrade *9*
O MUNDO OU TRATADO DA LUZ *19*
Da diferença que há entre nossos sentimentos *21*
Em que consiste o calor e a luz do fogo *25*
Da dureza e do líquido *29*
Do vazio *35*
Do número de elementos *41*
Descrição de um mundo novo *49*
Das leis da natureza *55*
Da formação do Sol e das Estrelas *69*
Da origem e do curso dos Planetas *77*
Dos Planetas em geral *83*
Do peso *91*
Do fluxo e do refluxo do mar *99*
Da Luz *103*
Das propriedades da luz *115*
Face do céu do novo Mundo *123*

INTRODUÇÃO

REDIGIDO entre 1629 e 1633, *O Mundo* foi censurado pelo próprio autor. Permaneceu inédito durante toda a vida de Descartes, vindo a lume apenas 14 anos depois de seu falecimento. Os motivos para a censura eram fortes: ciente da recente condenação de Galileu no Tribunal da Santa Inquisição, Descartes teme pela repercussão de sua obra, que professava um heliocentrismo semelhante ao do físico pisano. Descartes permanece recluso, em silêncio. Numa carta, confidencia a Mersenne, o seu mais assíduo interlocutor, que não desejava criar controvérsias com a Igreja.[1] A história mostrou que o receio de Descartes era justificado. Mais tarde a sua obra seria incluída no *Index Librorum Prohibitorum*. É verdade, contudo, que tal inclusão ocorreu menos pela defesa do heliocentrismo do que em decorrência da incompatibilidade do dogma da transubstanciação de Deus com a redução da matéria à extensão, ou seja, às propriedades geométricas de profundidade, comprimento e largura.[2]

O enfraquecimento da Inquisição permitiu que em 1664 o editor Jacques le Gras publicasse *O Mundo* a partir de uma cópia imperfeita do manuscrito francês. Alguns anos depois, em 1667, Cleselier publicou o texto junto com o *Tratado do homem*, como supostamente exigira Descartes e em conformidade com a obra original. Dessa versão consta um índice

---

[1] *Carta a Mersene de abril de 1634* (AT,I 285).
[2] Nem os esforços de Campanella para tentar argüir em favor de Galileu e, conseqüentemente, em favor do heliocentrismo foram suficientes para dissuadir a Igreja no que se refere à certeza inegociável do teocentrismo. Ver Campanella, *Apologia de Galileu*, desta mesma editora.

cujos títulos são, provavelmente, de autoria do próprio Cleselier, mas que, não menos provavelmente, concordam com a divisão daquela obra em livros, sugerida por Descartes. Embora no texto original não existam rupturas efetivas entre um capítulo e outro, os números que configuram o índice e os respectivos títulos são reconhecidamente importantes no que se refere à organização das idéias ao longo do texto. Por isso, e em consonância com as demais publicações do *Mundo*, mantivemos os títulos na presente edição.

No que diz respeito à ciência desenvolvida no *Mundo*, ela é uma síntese inicial de várias compilações realizadas por Descartes durante a década de 1620 e o início de 1630 sobre questões referentes ao comportamento da luz, à trajetória dos astros, ao peso dos corpos e à formação do universo. A diversidade dessas questões nos mostra a abrangência do projeto cartesiano. Para abarcar de forma ordenada e sistemática todos esses problemas e suas implicações, a ciência cartesiana se apresenta como uma mecânica, configurando-se como uma rede conceitual composta de axiomas (ou leis fundamentais da natureza) e proposições empíricas derivadas desses axiomas, seja por uma via estritamente dedutiva, seja por uma via hipotético-dedutiva.

A mecânica cartesiana tem a função de reapresentar o real sob a forma de um tecido de múltiplas proposições interdependentes e regidas pelas leis da natureza (axiomas da física). Nessa nova compreensão da natureza, verifica-se uma clara obstrução ao papel da metafísica, que obrigava a ciência a procurar na essência do ser (ontologia) a explicação para o seu comportamento. Lembremos, por exemplo, a famosa passagem do *Céu* de Aristóteles, em que afirma que os corpos pesados descem e os corpos leves sobem porque seguem as suas naturezas respectivamente pesadas e leves. As ciências aristotélica e escolástica acreditavam que a mera observação empírica seria capaz de revelar a essência do objeto e, conseqüentemente, o destino para o qual tende seu movimento.

O *Mundo* de Descartes constitui assim um esforço de renunciar a uma concepção de ciência que se vê como um reflexo da natureza decorrente da observação direta da realidade, isto é, sem considerar nenhuma restrição metodológica. Portanto, ele representa uma mudança revolucionária na história do pensamento científico, pois é posto em questão o mundo como decalque que aos nossos olhos se afigura na percepção individual e absoluta de cada instante. Ora, para Descartes a ciência não deve contentar-se em descrever a realidade tal como ela se apresenta imediatamente aos sentidos. É necessário antes enquadrar a realidade numa rede de conceitos, decantá-la por meio de um tratamento mecânico, a fim de que ela possa confidenciar seus segredos.

Sem dúvida, a metafísica que pretendia, mediante observação empírica, tornar visível as razões do movimento dos corpos, pautando-se, para tanto, pelas suas características sensíveis, torna-se improfícua. Com o *Mundo* está em marcha um avanço, diríamos mesmo inexorável, de uma ciência que não reconhece nas coisas senão aquilo que nelas pode ser mensurado, segundo critérios e códigos previamente determinados pela própria ciência.

Diferentemente da física newtoniana, em que os códigos de leitura do real são, sobretudo, algoritmos matemáticos – instituídos em estrito acordo com as leis da mecânica e capazes de fornecer, com precisão, a descrição matemática do comportamento dos corpos –, a física cartesiana não produzirá quase nenhum desses algoritmos. Ela se voltará sobretudo para um tipo de figuração dos fenômenos sensíveis mediante a invenção de imagens que se distanciam do real para reapresentá-lo como conjunto de fenômenos homogêneos, tornando visível a dinâmica interior da matéria que concorre para a constituição do mundo.

INTRODUÇÃO

Por isso, o leitor do *Mundo* não encontrará nessa obra uma matematização da natureza no sentido newtoniano. A referida figuração cartesiana promove um enquadramento do real por meio da instituição de uma rede de relações causais que assimila os fenômenos empíricos em função das leis da natureza e das proposições derivadas dessas leis. Em outras palavras, a figuração do real cartesiana é uma projeção de modelos (rede conceitual), em função dos quais a natureza é reapresentada como um sistema mecânico cujas engrenagens são as proposições científicas e cujo funcionamento é regido pelas leis da mecânica (ou leis da natureza). Esse sistema mecânico reconfigura o dado da percepção sensível porque lhe subtrai a irregularidade e lhe adiciona padrões e medidas invariáveis. Assim, por exemplo, em razão do comportamento mecânico da luz, poder-se-ia corrigir o erro da percepção sensível conforme o qual se vê uma bala desviar sua trajetória ao entrar num recipiente líquido, reapresentando esse fenômeno em conformidade com a lei da refração — introduzida por Descartes —, para a qual aquele desvio não ocorre na natureza, constituindo, portanto, uma ilusão de ótica.

A aplicação do modelo mecânico à explicação do comportamento da luz — tema central da presente obra e outro possível título da mesma *Tratado da Luz* — reflete de forma aguda a exigência metodológica de apresentar o inevitável abismo entre a sensação da luz e a causa física do fenômeno luminoso. O único ponto em comum entre a sensação e sua causa é a sua ligação no tempo; isto é, a sensação e o fenômeno que a desencadeia estão circunscritos numa mesma fração de tempo. Entretanto, essa circunspeção temporal não é índice de uma ligação absoluta que poderia ser vislumbrada através da percepção sensível como o elemento chave para a interpretação do real.[3]

---

[3] A divisão radical entre o real e a sensação resulta em duas ciências distintas: a psicologia empírica, que tenta determinar as raízes orgânicas da

Em *O Mundo*, o abismo que separa a sensação provocada pela luz e a luz como fenômeno (resultado da dinâmica das partículas que a compõem) é atenuado por meio de um sistema mecânico que articula simultaneamente diversos fatores: as grandezas, as grossuras das partículas, o movimento, a força e o meio por onde elas se propagam. Esse sistema obedece a um modelo que simula esses fatores em certas condições hipotéticas e ideais, a fim de oferecer a eles um padrão invariável de comportamento. Não obstante, a simulação mecânica não se detém na semelhança imediata entre os objetos, captada pela percepção ocular ordinária e que ganha sua forma "científica" na analogia. Não é que ela eleve pura e simplesmente a semelhança entre os objetos ao patamar da identidade; impõe-se uma restrição epistemológica prévia que reconsidera a sensação, termo subjacente a toda predicação do saber científico medieval, sob o prisma dos códigos e leis científicas.

A comparação ou a analogia, quando realizadas no *Mundo*, servem para tornar visível a realidade segundo a dinâmica das partículas que a compõem. Para tanto, as figuras cartesianas cumprem o papel de converter o invisível, o comportamento das partículas que estruturam o mundo, em imagem. Ora, a comparação é na ciência cartesiana o modo de conduzir os sentidos a perceberem, sobretudo por meio de figuras, o sistema mecânico que engrena a repetição invariável do mundo. Essas figuras diagramam o real por meio da imaginação e tornam mais fácil a compreensão de fenômenos que ocorrem no interior dos corpos e que não podem ser percebidos diretamente por nossos sentidos.

A abordagem mecânica cartesiana exige do leitor um esforço de desprendimento do mundo real, então configurado

---

sensação, as quais permitiriam a descrição do funcionamento corporal dos sentidos (*Tratado do homem*), e a física, que limita toda variação no mundo à esfera de seu modelo mecânico (*O Mundo*).

pela ciência escolástica, para compactuar com uma fábula – recurso metodológico usado diversas vezes por Descartes para introduzir as hipóteses ou suposições científicas. O recurso à fábula tem como finalidade diminuir a resistência dos leitores escolásticos mais fervorosos, uma vez que não contraria diretamente as suas certezas. Ao dizer que o mundo é apenas uma ficção, a fábula permite a Descartes reconfigurar a natureza segundo a medida do seu sistema mecânico. Na verdade, as hipóteses como que aplainam o terreno irregular e incerto da percepção, fornecendo em substituição uma ordem postiça, que todavia é pragmaticamente importante para o desenvolvimento da ciência.

Não se deve contudo concluir que, com a fábula, Descartes pretende refugiar-se numa ciência puramente especulativa e alheia à experiência. Ele tenciona antes modelar o mundo a partir de uma rede de conceitos que subscrevem as variações de comportamento dos corpos sob um mesmo padrão. Para corroborar essa rede é necessário que haja uma congruência entre parte das proposições que a compõem e os dados da experiência. Assim, *O Mundo* convida o leitor a comungar de um novo paradigma científico em função do qual o sujeito determina o modo de se interpretar o real e as regras para essa interpretação. Ele subverte a ciência medieval ao não exigir da ciência uma adequação à natureza; ao contrário, ele exige uma adequação da natureza às exigências da ciência. Esse novo paradigma promoverá importantes mudanças de alguns conceitos centrais da ciência medieval. Podemos destacar as alterações dos conceitos de movimento e matéria próximos de uma definição geométrica.

MOVIMENTO E EXTENSÃO: A FÍSICA COMO A MEDIDA DO REAL

A gênese da concepção de movimento em *O Mundo* passa por uma crítica incisiva à definição aristotélica do movimento, que foi amplamente retomada na Idade Média. Para Aristóteles, pode-se definir o movimento como a passagem daquilo que está em potência ao ato: o movimento é o ato do ente em potência enquanto tal (*Motus est actus entis in potentia, prout in potentia est*, AT, XI, p. 39). Essa definição coloca no mesmo plano de análise a metafísica do movimento, que o considera, de forma geral, como a travessia que conduz o ser à metamorfose, e a física, que desvela na estrutura material do corpo a indicação do lugar para o qual ele tende a se direcionar no intuito de adequar-se à ordem natural do mundo. Com efeito, essa dupla forma de considerar o movimento é circunscrita na mesma esfera metafísica que visa compreendê-lo em seus múltiplos modos. Assim, física e metafísica concorrem para a explicação da travessia da potência ao ato por meio da qual ocorre a metamorfose do ser.

É contra essa concepção inflacionada de física, que exige uma explicação ontológica da transformação do ente sensível desde a sua constituição biológica até a sua essência, que Descartes dirige a sua crítica mordaz, particularmente no que se refere à definição aristotélica do movimento. Ele desfere duros golpes no contra-senso dessa concepção de movimento pela imprecisão da linguagem empregada nessa definição – o latim, embora a dificuldade permaneça na língua francesa – e, sobretudo, pelo objeto que ela designa. A definição aristotélico-escolástica envolve todo processo de mutação do ente e, desse modo, sua extensão é ampla, considerando que ela abrange não apenas o ente submetido a um certo deslocamento, mas também serve à explicação de uma série de qualidades sensíveis, supostamente intrínsecas ao ente, que lhe impulsionam ao movimento, ou melhor, à metamorfose.

Reverter o epicentro da definição aristotélica do movimento implica, no *Mundo*, uma dissecação e, posteriormente, uma eliminação dos diversos extratos da matéria aristotélica a fim de compreendê-la sob uma base formal, alheia a eventuais características sensíveis dos corpos. Assim, destitui-se, com Descartes, as qualidades do objeto para que ele seja considerado uma quantidade discreta e descontínua: "o que quer que seja essa Matéria primeira dos Filósofos, se analisamos todas as suas formas e qualidades permanece apenas aquilo que é claramente extenso" (AT, XI, p. 33). A concretude da matéria — sua substancialidade — está, portanto, na sua dimensionalidade: em uma palavra, na sua abertura à quantificação.

Podemos recuperar o caminho da ruptura que a definição da matéria como extensão introduzida e postulada por Descartes no *Mundo* impõe à compreensão aristotélica do movimento: "Os filósofos supõem também vários movimentos que eles pensam poder ser feitos sem que nenhum corpo mude de lugar [...]. E não conheço nenhum outro senão aquele que é mais fácil de conceber que as linhas dos geômetras, que faz com que o corpo passe de um lugar a outro [...]" (AT, XI, p. 39-40). Em vez de adscrever os fatores supostamente endêmicos que concorrem para a metamorfose do ente, a física cartesiana agirá com parcimônia. Ela fará uma notável economia no tocante ao conceito de movimento na medida em que o restringe ao deslocamento de um objeto extenso no espaço.

Em decorrência do caráter inerte que a matéria recebe na física cartesiana, a noção de causalidade, compreendida por Aristóteles como a expressão das qualidades sensíveis do corpo, inscritas na essência do mesmo e, por conseguinte, responsáveis pelo seu movimento em direção à ordem natural, é transposta para a esfera do fortuito. Ou seja, retira-se da física os componentes que poderiam fornecer subsídio para interpretações fortemente qualitativas do movimento — que se concentram em cada um dos aspectos particulares da composição do corpo —, tornando-a mais modesta e menos pretensiosa.

Essa deflação das variáveis que concorrem para a compreensão do movimento dos objetos da física pode ser finalmente comparada, mas não identificada, à simplicidade com a qual os geômetras definem o movimento das figuras geométricas no espaço, que se restringe à variação de suas posições (AT, XI, p. 39-40). Enfim, a física se aproxima da geometria menos por ser abstrata e ideal – não passível de erros – do que pela economia de pressupostos ontológicos que empreende, pois, a despeito da imprecisão das noções de grossura e força, a física cartesiana se compara à geometria por ocupar-se unicamente de um objeto essencialmente inerte.

Embora tenha introduzido a lei da inércia e da refração e o princípio da conservação da quantidade de movimento, a ciência que nos é apresentada por Descartes em *O Mundo* foi posteriormente condenada ao ostracismo histórico. Seja pela dificuldade com que explica as noções de aceleração e força, seja pela falta de clareza com que define o conceito de massa e, sobretudo, o de tempo, o qual foi absolutamente escamoteado, a ciência cartesiana, principalmente no Brasil, permanece distante dos manuais de física clássica. Entretanto, foi ela que forneceu o alicerce para a instituição e consolidação de um novo paradigma: a análise estritamente quantitativa da matéria. Assim, a publicação da presente tradução de *O Mundo* gostaria de minimizar a ausência da física cartesiana na história da ciência e do próprio pensamento cartesiano. Ela também nos permite perceber que o maior legado daquela física foi abdicar de toda explicação da natureza que não pudesse ser traduzida em mensuração. Portanto, o grande mérito da ciência cartesiana é a sua epistemologia.

***

Para a presente tradução nos valemos da edição de *Le Monde* organizada por Charles Adam e Paul Tannery (*Œuvres de Descartes*, 2ª ed., Paris, Vrin, 1986, abreviada como AT.). Para facilitar o cotejo com o original, inserimos na tradução entre colchetes a numeração das páginas da edição acima mencionada.

O MUNDO
OU TRATADO DA LUZ

DA DIFERENÇA QUE HÁ
*entre nossos sentimentos
e as coisas que os produzem*

Como me proponho a tratar aqui do tema da luz, a primeira [3] coisa que gostaria de vos advertir é que pode existir uma diferença entre o sentimento que nós temos da luz, isto é, a idéia que se forma em nossa imaginação mediante o concurso de nossos olhos, e aquilo que está presente no objeto – mais precisamente na chama e no Sol – e que produz em nós esse sentimento, para o qual dá-se o nome de luz.[1] Pois, ainda que cada um esteja normalmente persuadido de que as idéias que nós temos em nosso pensamento são inteiramente semelhantes aos objetos dos quais elas procedem, não vejo, todavia, nenhuma razão que nos possa assegurar que elas sejam de fato semelhantes àqueles objetos; pelo contrário, venho observando várias experiências que me levam a duvidar dessa suposta semelhança. [4]

Sabeis que, embora as palavras não tenham nenhuma verossimilhança com as coisas que designam, não há dúvidas

---

[1] A sensação deve ser preterida face à explicação mecânica do comportamento da luz. A dissonância entre o conteúdo da percepção sensível e o objeto, enquanto dado na natureza, constrange o pensamento cartesiano a reconsiderar a experiência sensível como fonte de determinação, diríamos em termos husserlianos, da objetividade do objeto. Cumpre, desse modo, tornar explícita a objetividade do objeto mediante um mapeamento das variáveis dos fenômenos luminosos, produzido por uma rede de conceitos científicos. Assim, ao contrário de concentrar o estudo dos fenômenos luminosos sobre o sentimento provocado pela luz – essencialmente variável e contingente –, a ciência cartesiana fomenta um estudo da constituição física dos objetos que ocasionam o sentimento de luz. (N. do T.)

de que nós concebemos tal verossimilhança e que, freqüentemente, mesmo quando não guardamos o som das palavras nem de suas sílabas, acontece que, após termos escutado um discurso, o qual compreendemos perfeitamente, não saibamos dizer em qual língua ele foi pronunciado. Ora, se as palavras, cujo significado é fornecido por convenção humana, são suficientes para nos fazer conceber algumas coisas com as quais elas não guardam nenhuma semelhança, por que a natureza não poderia ter igualmente estabelecido certos signos que nos façam ter o sentimento de luz, ainda que esses signos não portem consigo absolutamente nada que seja parecido com aquele sentimento? E não seria possível também, desse mesmo modo, que a natureza tenha estabelecido o riso e a lágrima, no intuito de nos fazer ler a alegria e a tristeza através da face humana?

Entretanto, talvez podeis dizer que nossas orelhas permitem-nos sentir apenas o som das palavras, e nossos olhos apenas a intensidade da expressão daquele que ri ou que chora, mas que é o nosso espírito, o qual, tendo retido o que designam aquelas palavras e a intensidade daquela expressão, representa o que foi retido num certo momento simultaneamente àquilo que sentimos em outros momentos. A esse tipo de objeção eu poderia contrapor que é nosso próprio espírito que nos representa a idéia de luz todas as vezes que a ação, designada por ela, toca os nossos os olhos. Conquanto, para não perder tempo em disputas, considero
[5] prudente fornecer um outro exemplo.[2]

Acrediteis que, no momento mesmo em que nós não levamos em consideração a significação das palavras e escutamos apenas seu som, a idéia desse som que se forma em nosso pensamento é de algum modo semelhante ao objeto de que

---

[2] O nosso espírito produz as idéias em função das quais podemos identificar e distinguir a ocorrência das sensações provocadas pelos fenômenos luminosos. (N. do T.)

falamos? Nesse caso, trata-se apenas de um homem que abre a boca, move a língua e expele o ar. Não vejo, desse modo, em todas essas ações nada que não seja peremptoriamente diferente da idéia do som que elas supostamente nos fariam imaginar. Ademais, a maior parte dos filósofos asseguram-no: o som é apenas um certo movimento do ar que colide com nossas orelhas; de modo que, se o sentido referente à audição trouxesse ao nosso pensamento a verdadeira imagem de seu objeto, seria necessário que, em vez de nos fazer conceber o som, ele nos fizesse conceber o movimento das partes do ar que colidem contra nossos ouvidos. Contudo, considerando que talvez ninguém queira acreditar no que dizem os filósofos, apresentarei ainda um outro exemplo.[3]

Estima-se que o tato é, dentre os sentidos, o menos enganoso ou o mais seguro, de modo que se mostro que o tato nos faz conceber várias idéias que não parecem de modo nenhum com os objetos que as produzem ou que as desencadeiam, penso que não achareis estranho quando eu disser que ocorre algo similar à visão. Ora, todos sabem que as idéias de cócegas e de dor, que se formam em nosso pensamento quando os corpos exteriores nos tocam de algum modo, não guardam nenhuma semelhança com os corpos que as produzem. Quando se passa levemente uma pluma sobre os lábios de uma criança adormecida e ela sente que lhe são feitas cócegas, penseis que a idéia de cócegas, que a criança concebe, assemelha-se a algo idêntico a essa pluma? Um guarda retorna de uma batalha. Podemos supor que no calor dessa batalha ele tenha sido ferido sem o perceber; entretanto, quando seu corpo começa a esfriar, ele sente dor, e acredita estar ferido; são retiradas, então, suas armas e é chamado um cirurgião. Ele descobre, enfim, que o que sentia era apenas um cinto ou um tipo de correia, presente nas suas armas no intuito de facilitar seu manuseio, que o prensava e o incomodava. Se de fato seu tato,

---

[3] Os filósofos ao qual Descartes refere-se são os escolásticos.

fazendo-o sentir a correia ou cinto, imprimisse-lhe uma certa imagem dessa correia em seu pensamento, o referido soldado não teria tido a necessidade de recorrer a um cirurgião que lhe dissesse a causa de sua dor e infortúnio.

Ora, não vejo nenhuma razão que nos obrigue a crer que aquilo que está presente nos objetos e a partir do qual advém o sentimento de luz seja mais semelhante a esse sentimento que, como no exemplo exposto há pouco, são a pluma e a correia ao sentimento de cócegas e de dor, respectivamente. Ademais, não recorro ao referido exemplo na intenção de vos fazer crer que há uma diferença entre a luz presente nos objetos e aquela presente em nossos olhos; mas me reservo apenas a convidá-los a duvidar de que haja uma tal semelhança e que, uma vez que eviteis a preocupação de conceber a referida semelhança, podereis então examinar comigo esse problema mais detalhadamente.

EM QUE CONSISTE O CALOR
e a luz do fogo

Conheço no mundo apenas dois tipos de corpos em que há luz, a saber, os astros e a chama do fogo. Considerando que os astros são, sem dúvida, menos acessíveis ao conhecimento humano do que a chama ou o fogo, deverei ocupar-me primeiramente em explicar o que tenho observado sobre a chama.[1]

Quando a chama é oriunda da queima de uma madeira ou de uma matéria similar, nós podemos observar – mediante nossa própria visão – que ela move os pequenos pedaços de madeira, separa uns dos outros, transformando, assim, os mais sutis em fogo, em ar, em fumaça, e deixa, por fim, os maiores para comporem as cinzas.[2] Que uma pessoa imagine, se lhe convier, que nessa madeira a forma do fogo, a quantidade de calor e a ação que o incendeia são fenômenos absolutamente diversos; para mim, que receio incorrer em enganos decorrentes de suposições desnecessárias, devo contentar-me em compreender apenas o movimento das partes que compõem o fogo. Pois, coloqueis fogo, calor e, assim, fazeis com que um corpo incendeie o quanto seja de vosso grado; caso não supuserdes que as partes desse fogo removem-se e separam-se das suas vizinhas, não saberíeis imaginar se esse corpo recebe

---

[1] No *Dioptrique*, Descartes admite que a luz encontra-se também nos olhos dos gatos.
[2] O termo *remuer* em francês tem, entre seus sinônimos, *mouvoir*. Em vários momentos Descartes usa os dois termos para designar o mesmo objeto-movimento ou a mesma ação-mover. Entretanto, em alguns momentos ele pretende designar com o termo *remuer* uma mudança ou transporte de uma parte da matéria por outra parte. Nesses casos traduzimos aquele termo pelo verbo português *remover*. (N. do T.)

alguma alteração ou mudança. Mas se, ao contrário, tireis o fogo e o calor e tenteis impedir que a madeira incendeie, considerando apenas que me acordeis que existe uma potência que remove as partes mais sutis da referida madeira e que as separa daquelas maiores, acredito que isso seria o suficiente para que se realizassem nela todas as mudanças que experimentamos quando a referida madeira queima.[3]

Ora, considerando que não me parece possível conceber que um corpo possa remover um outro sem que ele também seja movido, concluo que o corpo da chama que age sobre a madeira é composto de pequenas partes que se removem separadamente umas das outras, num movimento demasiado violento e rápido. Movendo-se desse modo, essas partes impulsionam e removem consigo as outras partes dos corpos, aos quais elas tocam, sem que lhes seja oferecida uma grande resistência. Digo que as partes que compõem a chama movem-se separadamente umas das outras, pois ainda que elas adquiram uma disposição ordenada e fomentem — conjuntamente — um mesmo efeito, nós percebemos que cada uma delas age especificamente sobre os respectivos corpos que tocam. Digo ainda que o movimento das partes que compõem a chama é extremamente rápido e violento, pois, sendo essas partes muitíssimo pequenas — para nossa visão elas são indistinguíveis —, não teriam tanta força para agirem sobre os outros corpos se não possuíssem uma grande velocidade, graças à qual compensam o tamanho de suas respectivas grandezas diminutas.

Não pretendo acrescentar aqui nenhuma linha sobre o lado para o qual as partes da chama movem-se, pois, se considereis que a potência de se mover e aquela referente ao lado

---

[3] A qualidade de calor, atribuídas pelos escolásticos como a causa do fogo, é rejeitada por Descartes como explicação dos fenômenos de combustão, dado que para ele apenas a variação dinâmica dos corpos é que poderia produzir algum efeito — perceptível sensivelmente — na natureza.

para o qual o movimento deve ser realizado são duas coisas absolutamente diversas e podem ser compreendidas distintamente (como eu expliquei na *Dioptrique*[4]), então julgareis facilmente que, dada a disposição dos corpos que as cercam, as partes da chama movem-se em conformidade com o caminho que torna menos dificultoso o seu movimento. Ademais, na mesma chama pode-se ter partes alinhadas no alto, outras embaixo, em linha reta, em círculo, enfim, em todos os lados, sem que sua natureza, de modo algum, seja afetada. Desse modo, se vedes quase todas as partes da chama tenderem para cima, não deves aventar outra razão senão a de que os outros corpos que a tocam oferecem-lhe uma grande resistência, impedindo a sua passagem por todos os lados.[5]

Após ter reconhecido que as partes da chama movem-se conforme expomos aqui e que é suficiente considerar apenas seus movimentos para compreender como a chama tem a potência de consumir a madeira e queimá-la, examinaremos, eu lhe peço, se a referida explicação não servirá à compreensão de como a chama nos aquece e como ela nos clareia.[6] No caso

---

[4] Descartes parece se referir ao início da segunda parte da *Dioptrique*.

[5] Trata-se de uma crítica à física aristotélica, para a qual os corpos tendem para um determinado lugar na natureza em conformidade com as suas respectivas essências. Para Aristóteles, os objetos leves, por exemplo, tendem para cima, dada sua natureza leve, ao passo que aqueles pesados tendem para baixo (Cf. Aristóteles. *Sobre o céu* IV, 4, 311b). Ao dissolver a subordinação do conhecimento físico ao metafísico – ligado à compreensão do comportamento do objeto em função de sua essência e de suas qualidades –, Descartes introduz uma análise, em certa medida, dinâmica do movimento dos corpos, subordinada exclusivamente às noções de figura, velocidade e força.

[6] A falta de conhecimento das combinações dos elementos químicos – conforme a qual a combustão seria uma reação particular de certos elementos químicos ou moléculas, como o carbono ou o metano, com o oxigênio – aliada a uma física estritamente quantitativa, inscrita numa compreensão da matéria restrita à variação mecânica das partículas que compõe o corpo em chama, fazem da análise cartesiana da combustão um conjunto de erros inevitáveis.

de a explicação exposta ser suficiente para esclarecer esses fenômenos e não ser necessário acrescentar nenhuma outra qualidade à chama, poderemos dizer, por conseqüência, que apenas o seu movimento, segundo os diferentes efeitos que produz, é suficiente para podermos identificar tanto a chama quanto a luz.

[10] Ora, no que tange ao calor, o sentimento que nós temos pode, ao que me parece, quando violento ser tomado por uma espécie de dor e, quando moderado, por uma espécie de cócegas. Ademais, como já havíamos dito que não há nada fora do nosso pensamento que seja semelhante às idéias que concebemos de cócegas e de dor, podemos também crer, sem grandes problemas, que não há nada fora do nosso pensamento que seja parecido com aquilo que concebemos como calor, mas que tudo o que pode remover diversamente as pequenas partes de nossas mãos, ou de qualquer outro lugar do nosso corpo, pode incitar em nós esse sentimento.[7] Várias experiências favorecem essa opinião, pois, ao se queimar apenas as mãos, é-se aquecido; todas as outras partes do corpo podem igualmente ser aquecidas sem que necessariamente estejam perto do fogo, o qual é provido apenas daquilo que se agita e vibra, de tal sorte que várias das partes que compõem a chama movem-se e podem remover consigo aquelas partes presentes em nossas mãos.

No que concerne à luz, pode-se também conceber que o mesmo movimento presente na chama é suficiente para nos fazer senti-la. Mas, considerando que nosso projeto consiste principalmente em analisar a luz, gostaria de aplicar-me à tarefa de explicá-la melhor, retomando, assim, algumas coisas discutidas há pouco.

---

[7] Descartes retoma o raciocínio empreendido no início do capítulo conforme o qual ele traça a distinção entre a idéia relativa à sensação e o objeto que desencadeia a sensação. (N. do T.)

DA DUREZA E DO LÍQUIDO

Considero que há no mundo uma infinidade de diversos movimentos que duram perpetuamente. E após ter observado movimentos de grande escala que compõem os dias, os meses e os anos, pude perceber o seguinte: os vapores da Terra não cessam de subir em direção às nuvens e posteriormente [11] descender; o ar é sempre agitado pelos ventos; o mar nunca está em repouso; as fontes e os rios correm sem interrupção; os mais sólidos edifícios tombam em decadência; as plantas e os animais apenas crescem ou corrompem-se; em suma: não há nada, em nenhum lugar do mundo, que não mude. De onde se segue que não é apenas na chama que há uma quantidade de pequenas partes cujo movimento não cessa, mas essas partes existem, da mesma forma, em todos os outros corpos, ainda que suas ações não sejam iguais em violência e ainda que, por causa de sua grandeza diminuta, elas não possam ser percebidas por nenhum de nossos sentidos.[1]

Não pretendo procurar a causa do movimento dessas partes, pois é suficiente pensar que elas começaram a movimentar-se concomitantemente à existência do mundo.[2]

---

[1] As pequenas partes da matéria a que Descartes se refere e que serão mais tarde denominadas *matéria sutil* escapam à percepção sensível, sendo, desse modo, um postulado científico não passível de teste empírico, que obriga o cientista a testar empiricamente os efeitos ocasionados pelo movimento dessa matéria no mundo para justificar a sua existência.

[2] A procura por um conhecimento certo e evidente, introduzida e prescrita pelas operações do entendimento (dedução e intuição) – seminais para a constituição da certeza científica em Descartes – não acarreta a supressão imediata de proposições incertas e transitórias. Ao contrário, cumpre tornar possível a aplicação dessas operações mediante o método, o qual pode fingir a realidade, trocando a turva percepção sensível por símbolos articulados

Assim sendo, considero, por essa razão, que é impossível que seus movimentos cessem em algum momento, ou ainda que eles ocorram de forma diferente daquela proposta aqui, ou seja, a virtude ou potência de se mover que se encontra num corpo pode ser passada para um outro e, por conseguinte, não estará mais presente naquele corpo; entretanto, ela não pode deixar de existir, de algum modo, no mundo.[3] As minhas razões para acreditar nisso me são satisfatórias; todavia, ainda não tive ocasião de dizer, assim como fazem a maior parte dos doutos, que há algum primeiro motor que, girando em torno do Mundo com uma velocidade incompreensível, é a origem e a fonte de todos os outros movimentos que observamos.

Ora, seguindo essa consideração, tenho subsídios para explicar tanto a causa de todos os movimentos que ocorrem no Mundo quanto para explicar as causas de todas as variedades de movimentos que aparecem na Terra, mas me contentarei aqui em falar daquelas causas que servem ao objeto de minha análise.

A primeira coisa que desejo que observeis é a diferença que há entre os corpos duros e líquidos; para tanto, pensei que cada corpo pode ser dividido em partes extremamente

racionalmente em função de hipóteses transitórias e, na maior parte das vezes, falsas. Assim, dilui-se os infortúnios causados pela falta de observação dos fenômenos celestes (particularmente no que se refere à origem do movimento dos corpos), quando se apresenta uma ordem postiça que concilia a ocorrência desses fenômenos com uma causalidade linear e invariavelmente determinável. O método cartesiano nutre, no que tange as hipóteses, uma relação íntima que desbrava a geografia da incerteza recorrendo à própria incerteza travestida, no entanto, de ordem. A hipótese, amplamente empreendida na astronomia ou cosmologia, mineraliza uma certeza condicional – mas, não menos certeza – cujo valor de verdade está subordinado à veracidade dos resultados científicos, exeqüíveis experimentalmente, alcançados a partir dela. (N. do T.)

[3] A quantidade de movimento imposta por Deus ao mundo é, portanto, invariável e constante. (N. do T.)

pequenas.⁴ Não pretendo determinar aqui se o número dessas partes é infinito ou não, mas é certo ao menos que, em relação ao nosso conhecimento, esse número é indefinido e nós podemos supor que há vários milhões dessas partes no mais diminuto grão de areia que possamos perceber com os nossos olhos.⁵

Observeis ainda que, se duas dessas partes entrechocam-se sem que haja ação suficiente para que elas se afastem uma da outra, é necessário, por conseguinte, alguma força, por menor que seja, para as separar, pois, sendo elas dispostas desse modo, não poderiam nunca, a partir delas mesmas, colocar-se numa outra disposição. Observeis também que é necessário duas vezes mais força para separar duas partes que para separar uma única e mil vezes mais para separar mil partes. Desse modo, se for necessário separar várias partes presentes num único objeto, como, por exemplo, um fio de cabelo, não é de se estranhar que seja necessária uma força considerável.⁶

De outro modo, considerando que duas ou várias dessas pequenas partes se tocam levemente e realizem uma ação para se mover, uma para um lado e a outra para o outro, então é certo afirmar que será necessário menos força para as separar que se estivessem absolutamente sem movimento.

---

⁴ Os corpos líquidos a que Descartes se refere compreendem também os corpos fluidos. (N. do T.)

⁵ Para Descartes os corpos são indefinidamente divisíveis. (N. do T.)

⁶ A dureza de um corpo é definida pelo estado das partículas que o compõem: se elas estão ligadas por uma grande força de resistência, serão menos suscetíveis a qualquer sorte de transformações. A quantidade indefinida de partículas que compõem os corpos não abre margem para que se possa determinar a quantidade de matéria de um determinado corpo, nem, conseqüentemente, a sua resistência à mudança. Além disso, o conceito de força porta uma dificuldade metafísica não menos importante. Ela é expressa do seguinte modo: se a força ou a resistência de um corpo está subordinada à disposição das partículas que o compõe, deve-se perguntar se essa força é inerente às partículas ou à ligação entre elas. Descartes oferece raras indicações sobre a ontologia implícita ao seu conceito de força. No *Mundo* não há uma resposta clara à referida questão (N. do T.).

E não será necessária nenhuma força para as separar caso o movimento, pelo qual elas podem separar-se delas mesmas, seja igual ou maior que aquele pelo qual se pretende separá-las.

Ora, não vejo outra distinção entre os corpos duros e líquidos senão que as partes de alguns corpos podem ser mais facilmente separadas do que as de outros. De sorte que, para compor os corpos mais duros que possam ser imaginados, penso que é suficiente conceber que todas as partes que o compõem se tocaram sem deixar qualquer espaço entre elas e, além disso, essas mesmas partes não estão dispostas a se moverem. Ora, que cola ou cimento poderíamos imaginar para melhor ligar uma parte à outra além daqueles que foram expostos aqui?

Penso também que, para compreender o corpo mais líquido que se possa encontrar, é suficiente considerar que todas as suas pequenas partes movem-se o mais diversamente uma da outra, bem como o mais rapidamente possível, e que, com isso, elas não deixam de poder se tocar uma à outra, em todos os lados, e se organizar em um curto espaço, como se não se movimentassem. Enfim, creio que cada corpo aproxima-se mais ou menos desses dois extremos (líquido e duro) conforme o grau de ação que as suas partes exercem para se afastarem umas das outras. Ademais, todas as experiências em que me detive confirmam isso.

A chama, cujas partes, como eu já houvera dito, são agitadas perpetuamente, não é apenas líquida, mas também ela torna líquida a maior parte dos outros corpos. Observeis que, quando a chama funde o metal, ela não age com uma potência diferente daquela empreendida para queimar a madeira. Mas, devido às partes do metal serem, em certa medida, todas iguais, a chama não pode remover uma sem a outra e assim ela preenche-o de corpos absolutamente líquidos; ao passo que as partes da madeira são de tal modo desiguais que a chama pode separar as menores e torná-las líquidas, ou seja, a chama pode fazer voar as pequenas partes da madeira – na forma de fumaça – sem agitar aquelas partes mais grossas.

À exceção da chama, não há nada mais líquido que o ar e pode-se observar, a olho nu, que as partes do ar movem-se separadamente umas das outras, pois se estais disposto a observar esses pequenos corpos, que normalmente são chamados de átomos e que aparecem à luz do sol, os verás – considerando que não há nenhum vento que os agite – flutuar incessantemente, por todos os lugares, e de mil formas diferentes. Pode-se também experimentar algo parecido em todos os líquidos que são extremamente grossos, caso os misturemos [15] com diversas e diferentes cores, em virtude das quais poderemos distinguir melhor seus movimentos. Enfim, isso parece ocorrer claramente nas águas fortes quando elas interagem com um metal (seja qual for ele) separando e removendo as partes do mesmo.[7]

No entanto, considerando que apenas o movimento das partes da chama a faz queimar e a torna líquida, podereis agora me interrogar: por que o movimento das partes do ar, o torna também extremamente líquido, não lhe permite possuir a mesma potência de queimar que aquela da chama, mas que, pelo contrário, fazem com que nossas mãos não possam quase senti-lo? A essa objeção respondo que não se deve apenas levar em consideração a velocidade do movimento, mas também se deve considerar a grossura das partes. Assim, as menores compõem os corpos mais líquidos, ao passo que as mais grossas têm mais força para queimar e geralmente para agir sobre outro corpo.[8]

---

[7] Água forte refere-se, no século XVII, àquilo que chamamos hoje de ácido nítrico.

[8] A grossura (grandeza ou tamanho), a figura, o movimento (velocidade) e a força são as variáveis em função das quais Descartes institui uma explicação mecânica da diversidade empírica do real. (N. do T.)

Observeis, *en passant*, que considero e irei considerar como uma só parte tudo que é unido e que não realiza uma ação para se separar; e que ainda aquelas partes, que não são tão grossas, podem ser facilmente divididas em muitas outras menores. Assim, um grão de areia, uma pedra, uma rocha ou toda a Terra podem ser tomadas como uma só parte, enquanto nós considerarmos esses objetos apenas naquilo que revelam os seus movimentos: absolutamente simples e iguais.

[16] Ora, entre as partes do ar, se há aquelas demasiado grossas em relação às outras — como são aqueles átomos que se pode ver –, elas removem-se bem mais lentamente; e se há, entre as partes do ar, aquelas que se removem mais rapidamente, é porque elas são menores. Mas, entre as partes da chama, se há menores que as partes presentes no ar, há igualmente mais grossas, bem com um número equivalente de partes cuja grossura é igual àquela das partes do ar. Essas partes grossas da chama removem-se muito mais rápido que aquelas do ar e são as únicas que portam a potência de queimar.

Considerando que na chama existem partes menores, pode-se conjecturar que elas penetram nos vários corpos, cujos poros são tão pequenos que não permitem a entrada do ar. Considerando ainda que há na chama partes mais grossas ou igualmente grossas àquelas do ar, vê-se claramente, a partir desse fato, que o ar sozinho não é suficiente para alimentar a chama. O fato de as partes da chama removerem-se mais rápido permite-nos observar a violência de sua ação. Por fim, as mais grossas das partes da chama portam a potência de queimar, em detrimento das outras. Assim, a chama que escapa da água da vida ou de outros corpos mais sutis quase não queima, ao passo que aquelas que se produzem nos corpos duros e pesados é extremamente ardente.

DO VAZIO
e da origem do fato de que nossos sentidos não percebem certos corpos

Com efeito, convém examinar mais particularmente porque o ar, sendo um corpo como os outros, não pode, diferentemente dos outros corpos, ser sentido. E, mediante essa mesma [17] análise, pretendo livrar-nos de um erro que nos inquieta desde a mais tenra infância. Quando pequenos não acreditávamos existir outros corpos ao nosso redor que não pudessem ser sentidos e, considerando que o ar era um desses corpos, posto que o sentíamos pouco, ele não deveria, ao menos, ser tão material ou tão sólido quanto aqueles corpos que podíamos sentir sem grandes dificuldades.

No tocante a esse tema, desejaria primeiramente que observais que todos os corpos, tanto os duros quanto os líquidos, são feitos de uma mesma matéria e que é impossível conceber que as partes dessa matéria não componham um corpo sólido ou que elas não ocupem o menor espaço, após colidirem (em todas as direções) com as outras partes que as cercam. De onde se segue, parece-me, que, se pode existir o vazio em alguma parte, deve ser mais razoável que ele exista mais nos corpos duros que nos líquidos, pois é evidente que, dado que as partes desses últimos movem-se, elas podem mais facilmente pressionar-se uma contra a outra e harmonizar-se, diferentemente daquelas que estão sem movimento.

Se colocardes, por exemplo, pó em qualquer vaso e o agitardes rapidamente, batendo no vaso para que ele entre mais facilmente, e ainda se derramardes dentro do vaso algum líquido, o referido pó imediatamente se auto-organizará, ocupando todos os pequenos lugares em que poderíamos colocá-lo. Ademais, se considerardes, a propósito dessa análise, alguma experiência corriqueiramente realizada pelos filósofos para [18] mostrar que não existe vazio na natureza, sabereis facilmente que todos os espaços que o vulgo considera vazio, nos quais não sentimos a presença do ar, são na verdade preenchidos pela mesma matéria que sentimos pertencer a outros corpos.

Dizeis-me, eu vos peço, que aparente potência poderia existir na natureza por meio da qual ela pudesse fazer subir os corpos pesados e romper os mais duros; assim como percebemos, através da experiência, que ela faz com que certas máquinas não sofram por demais, não permitindo que nenhuma das partes da referida máquina cessem de se entrechocar ou de tocar qualquer umas das outras partes. Assim, poderíamos perguntar se a natureza faria com que as partes do ar, que são as mais dispostas a flexibilizarem-se e organizarem-se de todas as maneiras, permanecem umas perto das outras, sem se entrechocarem, em nenhum dos seus lados, ou poderíamos perguntar se não há algum corpo entre elas com o qual estão em contato. Poderíamos de bom grado acreditar que a água num pote deveria subir, contra sua inclinação natural, apenas no intuito de que um canal de uma bomba ligada àquele pote seja preenchido? Poderíamos pensar ainda que a água que está nas nuvens não deveria descer para acabar de preencher os espaços que estão aqui embaixo, caso não houvesse a mesma proporção de vazio entre as partes dos corpos presentes naquele espaço?

Podereis me propor uma dificuldade consideravelmente [19] ardilosa, a saber, as partes que compõem os corpos líquidos não podem, ao que me parece, removerem-se incessantemente, como eu havia sugerido, caso não haja um espaço vazio entre elas, ou, ao menos, no lugar de onde saem à medida em que se movem. Teria dificuldade em responder essa questão, caso não houvesse reconhecido, por meio de diversas experiências, que todos os movimentos que são realizados no mundo são de algum modo circulares, isto é, quando um corpo deixa seu lugar, ele entra sempre no lugar de um outro e esse outro em um deixado por um outro e assim ocorre até o último, que ocupa o lugar deixado pelo primeiro corpo.[1] Desse modo, não há vazio entre esses corpos: nem quando eles removem-se, nem quando estão parados. E notais ainda que não é necessário que todas as partes dos corpos, que se removem juntos, sejam exatamente dispostas em conformidade com um círculo, nem que elas tenham grossura e figuras semelhantes, uma vez que essas últimas podem ser diferentes, sendo facilmente compensadas pelas diferenças de suas velocidades.

Ora, não observamos normalmente os movimentos circulares dos corpos quando eles movem-se no ar, porque somos acostumados a conceber o ar como um espaço vazio. Com efeito, vedes peixes nadarem no reservatório de uma fonte. Caso eles não se aproximem da superfície da água, eles de modo algum a farão mexer-se, ainda que passem embaixo da água a uma grande velocidade. De onde parece manifesto que [20] a água que eles empurram não empurra indiferentemente toda a água do reservatório, mas apenas aquela que pode perfazer melhor o movimento circular, conforme o qual uma parte da água substitui o lugar de outras. E essa experiência é suficiente para mostrar o quanto esses movimentos circulares ocorrem sem problemas e são comuns na natureza.[2]

---

[1] Devido à inexistência do vazio no universo cartesiano, as partículas são sempre constrangidas por outras partículas a desviarem suas rotas, e descrevem inevitavelmente um movimento circular ou curvilíneo. (N. do T.)

[2] A experiência tem um papel crucial para a ciência cartesiana. Ela dissipa o caráter puramente especulativo da hipótese na medida em que revela a aplicabilidade de suas conseqüências, deduzidas pelo espírito, na descrição do mundo. Sob esse prisma, a experiência apresenta-se sempre, quando se parte de hipóteses, como uma forma de ratificar a descrição científica dos fenômenos naturais. (N. do T.)

Gostaria de abordar uma outra sorte de movimento para mostrar que não é possível que se realize um movimento que não seja circular. Quando um vinho, que está num tonel, não escorre pela abertura, cuja localização encontra-se embaixo desse tonel, trata-se do fato de que a referida abertura está completamente vedada, portanto é impróprio falar, ainda que normalmente as pessoas falem, que isso aconteceria por uma espécie de receio do vazio. Sabe-se muito bem que o vinho não tem espírito para temer qualquer coisa e, ainda que ele tivesse, eu não saberia como ele poderia compreender o vazio, que é apenas uma quimera. Com efeito, deve-se dizer que o vinho não sai do tonel porque fora dele tudo está plenamente preenchido e parte do ar que ocuparia o lugar do vinho, caso ele descesse, não pode encontrar outro lugar no universo, se não se faz uma abertura embaixo do tonel, pela qual esse ar possa entrar, circularmente, no lugar do vinho.

De resto, eu não quero me comprometer, a partir do que foi exposto aqui, que não há, de forma alguma, vazio na natureza, pois tenho receio de que meu discurso torne-se muito longo, caso empreenda uma explicação do que é o vazio, bem como receio de que as experiências de que falei não sejam suficientes para provar a inexistência do mesmo, ainda que elas sejam suficientes para persuadir que os espaços, onde não sentimos nada, são preenchidos da mesma matéria — e em igual proporção — que se encontra presente nos espaços onde estão os corpos que nós sentimos.[3] De sorte que, quando um vaso, por exemplo, está repleto de ouro ou de combustível, ele não contém mais matéria do que quando pensamos que ele está vazio. Isso pode parecer bem estranho a várias pessoas cuja razão não se estende além dos dedos e que pensam que

---

[3] A inexistência do vazio — corolário do postulado de que o universo é indefinidamente extenso — preconiza a existência de corpos em todas as partes do universo, ainda que não possamos testá-los empiricamente. (N. do T.)

não há nada no mundo senão o que elas podem tocar. Todavia, quando considereis aquilo que faz com que nós possamos sentir ou não um corpo, estarei seguro de que não achareis nada de incrível nisso que falo. Pois evidentemente conheceis que todas as coisas que estão em torno de nós podem ser sentidas, ao passo que, paradoxalmente, aquelas que se encontram freqüentemente muito próximas a nós são menos sentidas. Do mesmo modo, aquelas que normalmente estão muitíssimo próximas a nós nunca são sentidas.

O calor de nosso coração é bem grande, mas nós não o sentimos porque é absolutamente próximo a nós. Da mesma forma que o peso de nosso corpo não nos incomoda, embora não seja pequeno. Não sentimos o peso das nossas vestes porque somos acostumados a portá-las. A razão para isso é suficientemente clara: é certo que não saberíamos sentir nenhum corpo se ele não causasse alguma mudança nos órgãos de nossos sentidos, isto é, se não se removessem as pequenas [22] partes da matéria a partir das quais esses órgãos são compostos. O referido movimento pode fazer com que, de algum modo, os objetos (que não estão sempre presentes aos nossos sentidos e que têm muita força) corrompam alguma coisa – durante a sua ação – mas que só seja possível reparar na natureza aquela ação quando eles param de exercê-la. Mas, no que diz respeito aos objetos que nos tocam continuamente, se eles nunca têm a potência de produzir uma mudança em nossos sentidos e mover qualquer parte da matéria que os compõem, é porque eles foram constrangidos – devido ao fato de moverem, de algum modo, essas partes da matéria que compõe nossos órgãos – a separá-las inteiramente das outras, desde o começo de nossa vida, deixando apenas aquelas partes dos nossos órgãos resistentes à sua ação e que não podem de modo algum ser sentidas. De onde vedes que não se trata de nenhuma maravilha existirem vários espaços em torno de nós onde não sentimos nenhum corpo, que não obstante estão repletos de corpos assim como aqueles em que sentimos mais intensamente a presença de vários corpos.

Não convém pensar, todavia, a partir do que fora exposto aqui, que seja tão sólido quanto a água ou a terra esse ar grosseiro que jogamos para dentro de nossos pulmões quando respiramos, que se converte em vento quando agitado, que parece duro quando fechado num balão, por fim, que não é composto por outra coisa senão por fumaça e vapor. Convém seguir, no tocante a esse ponto, a opinião comum dos filósofos, que, na sua totalidade, asseguram que o referido ar grosseiro é o mais raro. O que pode facilmente ser conhecido pela experiência, pois, separadas as gotas d'água uma das outras, por meio da agitação do calor, elas podem compor esse ar numa quantidade maior que aquela contida no espaço em que estavam. De onde se segue, sem dúvida alguma, que existe uma grande quantidade de pequenos intervalos entre as partes que compõem o ar, pois não existe um outro meio de conceber um corpo raro. Entretanto, considerando que esses intervalos não podem ser vazios, assim como disse há pouco, concluo, de tudo que foi abordado até aqui, que existe necessariamente outros corpos – um ou vários – misturados a esse ar, que preenchem o mais precisamente possível todos os pequenos intervalos que são deixados pelas partes do ar, quando essas se deslocam. Resta considerar agora apenas quais podem ser esses outros corpos, que são misturados com as partes do ar. Espero, depois disso, que não seja muito difícil compreender qual é a natureza da luz.

DO NÚMERO DE ELEMENTOS
e de suas qualidades

Os FILÓSOFOS asseguram que existe acima das nuvens um ar muito mais sutil que o nosso e que não é, à diferença daquele que respiramos, composto de vapores da Terra, mas se caracteriza como um elemento à parte. Eles dizem também que acima desse ar existe ainda um outro corpo, ainda mais sutil; eles chamam-no de elemento Fogo. Os filósofos acrescentam ainda que, na composição de todos os corpos inferiores, esses dois elementos são misturados com a Água e a Terra. Pretendo apenas seguir a opinião desses filósofos, dizendo que esse ar mais sutil e esse elemento Fogo preenchem os intervalos existentes entre as partes do ar grosseiro que respiramos; de sorte que esses corpos, entrelaçados uns aos outros, compõem uma massa tão sólida que nenhum outro corpo poderia ter.[1]

No intuito de tornar claro o meu pensamento a respeito desse ponto e para que não penseis que pretendo obrigar-vos a crer em tudo que os filósofos nos dizem a propósito desses elementos, convém que os descreva à minha maneira.

Concebo primeiramente que se pode nomear o elemento Fogo como o mais sutil e o mais penetrante do mundo. Em seguida, a partir do que foi exposto acima em relação à natureza dos corpos líquidos, imagino que suas partes são bastante diminutas e movem-se muito mais rápido que as de outros corpos. E ainda, para não ser constrangido a admitir o vazio

---

[1] Descartes em nenhum momento no *Mundo* define o que é a massa de um corpo. Nas obras ulteriores também não encontramos uma definição clara desse conceito. (N. do T.)

na Natureza, não atribuo ao fogo partes que não tenham nenhuma grossura ou figura determinadas. Entretanto, estou persuadido de que a impetuosidade do seu movimento é suficiente, por um lado, para fazer com que ele seja dividido – de todas as formas e em todos os sentidos – pelo reencontro com outros corpos e que, por outro, essa impetuosidade é suficiente para que suas partes mudem de figura a todo momento, no intuito de acomodarem-se aos lugares deixados pelas outras partes; de sorte que não há nem passagens tão retilíneas nem ângulos tão pequenos entre as partes de um corpo em chamas em que as partes do fogo não possam penetrar – sem nenhuma dificuldade – e que elas não preencham precisamente.

No que concerne àquilo que pode ser tomado como o [25] segundo elemento, o Ar, concebo-o igualmente como um líquido muito sutil em comparação com o terceiro elemento; mas quando comparado com o primeiro elemento, é necessário atribuir alguma grandeza e alguma figura à cada uma de suas partes, bem como é necessário também imaginar que elas sejam razoavelmente redondas e extremamente unidas, como um grão de areia ou de poeira. Desse modo, elas só podem se organizar sem dificuldade e não ser muito prensadas se permanecerem sempre em torno delas vários pequenos intervalos, por meio dos quais é bem mais fácil que o primeiro elemento esquive-se, em vez de elas mudarem de figura para preencher esses intervalos. E assim estou persuadido de que esse segundo elemento não pode ser tão puro em nenhum lugar no mundo; de sorte que sempre existe com ele um pouco de matéria do primeiro elemento. Depois desses dois elementos, concebo apenas um terceiro, a saber, a Terra. Julgo que as partes desse terceiro elemento são tão grossas e movem-se com uma velocidade muito reduzida em relação às do segundo elemento, cuja velocidade é, por seu turno, inferior em relação às do primeiro elemento. Acredito que é suficiente considerar o terceiro elemento como uma ou várias massas grossas, cujas partes têm pouco ou mesmo nenhum movimento que possa fazê-las mudar de situação umas em relação às outras.

Se reputeis estranho que, para explicar esses elementos, não me sirvo de qualidades que os filósofos nomeiam de calor, frio, umidade e secura, vos digo que essas qualidades precisam, elas mesmas, de explicação e que, se não estou enganado, não apenas essas quatro qualidades, mas também todas as outras e mesmo todas as formas de corpos inanimados podem ser explicadas sem que seja necessário fazer nenhuma suposição sobre sua matéria, senão considerar apenas o movimento, a grossura, a figura e a disposição de suas partes.[2] Seguindo ainda esse raciocínio, poderei vos fazer entender porque concebo apenas três elementos; pois a diferença que deve existir entre eles e os outros corpos, que os filósofos chamam mistos (ou ainda misturados ou compostos), consiste no fato de que as formas desses corpos misturados contêm sempre em si algumas qualidades que se opõem e se chocam ou que pelo menos não tendem a conservar-se, ao passo que as formas dos três elementos aqui mencionados devem ser simples e não ter nenhuma qualidade que não esteja em perfeito acordo com todas as outras, considerando ainda que cada qualidade tende a conservar todas as outras.

[2] A revolução cartesiana face à ciência medieval reside menos nos termos empregados por Descartes – ainda ancorados na escolástica – que na redução de todos os fenômenos à variação dinâmica da matéria (grossura [grandeza] e movimento) e à variação geométrica (disposição espacial dos corpos e figura), que homogeniza os objetos mediante uma gramática artificial. Essa dupla redução, empreendida por Descartes, visa, entre outras coisas, a dissolução da física escolástica – uma física inflacionada, que aborda o fenômeno em seus mais diversos aspectos e problemáticas e é essencialmente qualitativa –, o que, por conseguinte, abre margem para uma compreensão quantitativa da natureza e a torna passível de mensuração. (N. do T.)

DO NÚMERO DE ELEMENTOS

Ora, eu não saberia encontrar nenhuma outra forma no mundo senão as três que descrevo. Primeiro, atribuí ao primeiro elemento a seguinte forma: as suas partes movem-se tão rapidamente e são tão diminutas que não existem outros corpos capazes de pararem-nas. Além disso, as partes do primeiro elemento não requerem nenhuma grossura, figura e situação determinada. A forma do segundo elemento consiste em suas partes terem um movimento e uma grossura tão medíocres que encontram várias causas no Mundo que podem aumentar seus movimentos e diminuir suas grossuras. Elas também podem encontrar outras causas que lhes façam justamente o contrário, de sorte que se encontram sempre em equilíbrio nessa mesma mediocridade. E, por fim, temos a forma do terceiro elemento, cujas partes são bastante grossas ou extremamente unidas de modo a provê-lo sempre de força para resistir aos movimentos dos outros corpos.[3]

Examinai, tanto quanto estais disposto, todas as formas que os diversos movimentos, as diversas figuras e grossuras e os diferentes arranjos que as partes da matéria assumem,

---

[3] Esses três elementos combinam três possibilidades de se considerar a velocidade e a grandeza das partículas elementares da natureza. No primeiro elemento, as partículas são consideradas extremamente velozes, mas pequenas quanto à grandeza. No segundo elemento, elas são muito equilibradas, conforme o significado original do termo medíocre, sendo extremamente susceptíveis à mudança, uma vez que qualquer colisão com outras partículas pode alterar o seu estado. Elas têm, portanto, velocidade e grandeza medianas. É menos evidente no terceiro elemento a relação entre grandeza e velocidade, visto que Descartes não faz alusão à velocidade das partículas. Contudo, pode-se deduzir que a velocidade dessas partículas é extremamente pequena, podendo ser praticamente desconsiderada, ao passo que a grandeza dessas partículas é extremamente grande. Isso será confirmado posteriormente nos *Princípios da Filosofia*. Embora a linguagem empreendida por Descartes não determine com precisão ou de forma clara a velocidade e a grandeza das partículas, que as distingue uma das outras, a diferença entre os objetos é mantida no âmbito exclusivo da quantidade. Nessa perspectiva, a variação dessas partículas está em função de terem mais ou menos grandeza e de terem mais ou menos velocidade. (N. do T.)

formando os corpos misturados, e estarei seguro de que não encontrareis nenhuma que não tenha em si qualidades que tendem a fazer com que elas mudem e, à medida que mudem, sejam reduzidas a alguma qualidade dos três elementos mencionados aqui.

Por exemplo, a chama – cuja forma exige, como exposto acima, partes que se movam muito rapidamente e tenham alguma grossura – não pode durar um longo tempo sem se corromper, pois ou a grossura de suas partes lhe dá a força de agir contra os outros corpos (o que seria a causa para a diminuição do seu movimento) ou a violência de sua agitação faz com que as suas partes se rompam ao chocarem-se contra os corpos que elas encontram (o que seria a causa da perda de sua grossura). Desse modo, as partes da chama poderão, paulatinamente, ser reduzidas à forma do terceiro elemento, ou à forma do segundo, ou, ainda, a alguma forma do primeiro. A partir dessas considerações podeis conhecer a diferença entre essa chama ou fogo comum, presente em nosso cotidiano, e o elemento Fogo que descrevi. E deveis saber também que os elementos do Ar e da Terra, em outras palavras, o segundo e o terceiro elemento, não são, pela mesma razão, parecidos com o ar grosseiro que respiramos, nem com a terra sobre a qual andamos. Com efeito, geralmente todos os corpos que aparecem ao nosso redor são misturados ou compostos e, portanto, sujeitos à corrupção.[4]

Todavia, não convém pensar que os elementos não tenham algum lugar no mundo que lhe sejam particularmente destinados, onde eles possam conservar-se em sua pureza natural.[5]

---

[4] Não se deve confundir o Ar, a Terra e o Fogo enquanto elementos, que constituem a rede conceitual da ciência cartesiana, com os fenômenos naturais que esses termos normalmente designam. (N. do T.)

[5] Difícil saber se nessa passagem Descartes sucumbe à tese aristotélica no que concerne à teoria do lugar natural, conforme a qual cada corpo tem um lugar na natureza que é próprio à sua essência, ou se isso faz parte de uma certa retórica, recorrente na obra cartesiana, a fim de apaziguar os leitores

DO NÚMERO DE ELEMENTOS

Mas, pelo contrário, é porque cada parte da matéria tende sempre a reduzir-se a alguma das formas desses elementos e, uma vez reduzidas, não tendem jamais a deixá-la. Tanto é verdade que, quando Deus criou ou começou o mundo, ele criou apenas os corpos misturados. Contudo, depois que o mundo foi criado, todos esses corpos tiveram a oportunidade de deixar suas formas e assumir aquelas dos três elementos. De sorte que hoje em dia há uma certa evidência de que todos [29] os corpos que são demasiado grandes para serem considerados entre as partes mais nobres do universo têm apenas a forma de um dos elementos simples e não pode haver corpos misturados em outro lugar senão sobre a superfície dos grandes corpos. Convém ou, mais precisamente, é necessário que existam esses grandes corpos, pois, sendo os elementos de naturezas assaz contrárias, pode-se apenas fazer com que dois dentre eles choquem-se, sem que um deles aja contra a superfície do outro, fornecendo à matéria, desse modo, as diversas formas dos corpos misturados.

A esse propósito, se consideramos todos os corpos que compõem o Universo, encontraremos apenas três tipos. Esses podem ser chamados grandes e estão presentes nas principais partes do Universo. Eles são, a saber: em primeiro lugar, o Sol e as estrelas fixas; em segundo, os céus; e, em terceiro, a Terra, os planetas e os cometas. É por isso que temos bastante razão em pensar que o Sol e as estrelas fixas não têm outra forma senão aquela do primeiro elemento, inteiramente pura, do

---

escolásticos menos flexíveis. Descartes, em várias outras passagens, desautoriza a teoria aristotélica do movimento, sobretudo porque ela portaria uma forte carga metafísica – os objetos movem-se, para Aristóteles, por uma vontade própria de adequar-se ao lugar que lhe fora reservado na natureza – incompatível com uma física que realiza uma economia de pressupostos ontológicos na medida em que reduz o corpo à extensão e, conseqüentemente, torna-o desprovido de qualquer qualidade. (N. do T.)

mesmo modo que os céus aquela do segundo e a Terra, bem como os planetas e os cometas, aquela do terceiro.[6]

Considero os planetas e os cometas juntamente com a Terra, pois, vendo que eles resistem, como ela, à luz e que eles a refletem, não vejo nenhuma diferença entre eles e a Terra. Compreendo conjuntamente o Sol e as estrelas fixas e a eles atribuo uma natureza absolutamente contrária àquela [30] da Terra, pois apenas a ação de sua luz é-me suficiente para conhecer bem que seus corpos são de uma matéria muito sutil e muito agitada.

No que diz respeito aos céus, sabendo que eles não podem ser percebidos por nossos sentidos, penso ter razão em a eles atribuir uma natureza mediana: entre a dos corpos luminosos (que sentimos a ação) e a dos corpos duros e pesados (que sentimos a resistência).

Enfim, nós não percebemos os corpos misturados em nenhum outro lugar senão na superfície da Terra e, se consideramos que todo o espaço que os contém, a saber, o espaço compreendido entre o que está acima das mais altas nuvens até as fossas mais profundas (onde a avareza dos homens jamais chegou a usurpar-lhe os metais preciosos) é extremamente pequeno em comparação com a Terra ou com a imensa extensão do céu, podemos facilmente imaginar que esses corpos misturados estão todos juntos como uma casca que se forma sobre a superfície da Terra, pela agitação e mistura da matéria deles com a matéria do céu que os cerca.

Assim, parece-nos oportuno pensar que não é apenas no ar que respiramos, mas também em todos os outros corpos compostos (das pedras mais duras aos metais mais pesados) há partes do elemento Ar misturadas com partes da Terra e, por conseguinte, também misturadas com partes do elemento

---

[6] Descartes estabelece uma correspondência biunívoca entre os três elementos postulados em sua teoria e a divisão do universo em três instâncias: estrela fixas, céu (espaço) e planetas. (N. do T.)

DO NÚMERO DE ELEMENTOS

Fogo, uma vez que elas podem ser achadas sempre nos poros do ar.

Deve-se observar ainda que há em todos esses corpos partes desses três elementos e que há, todavia, aquelas que, por [31] causa de sua grossura ou da dificuldade que elas têm para se moverem, podem ser reportadas ao terceiro elemento (o qual compõe todos os corpos que vemos ao nosso redor), pois as partes dos outros dois elementos são tão sutis que não podem ser percebidas pelos nossos sentidos. Pode-se representar todos esses corpos por meio das esponjas, para cuja composição não concorrem os líquidos que preenchem completamente seus poros ou buracos, sejam esses líquidos a água, o ar, ou um outro qualquer.[7]

Restam aqui várias outras coisas a serem explicadas e eu estaria bastante disposto a acrescentar algumas outras razões para tornar minha opinião mais verossímil. Entretanto, a fim de que o tamanho desse discurso seja menos cansativo, quero dedicar uma parte dele à invenção de uma fábula, por meio da qual eu espero que a verdade não deixe de parecer suficientemente estabelecida e que essa verdade não seja menos agradável de se ver do que se a expusesse absolutamente despida e nua.[8]

---

[7] Para Descartes, as partes que compõem a luz e o espaço, primeiro e segundo elementos respectivamente, são imperceptíveis. Elas são, por conseqüência, hipoteticamente estabelecidas e apenas os efeitos que produzem podem ser testados empiricamente. (N. do T.)

[8] A saída do mundo real para a *fábula* não visa a assimilação irrestrita de um idealismo virulento, cuja expressão mais acabada portaria um desprezo à experiência, à análise da realidade sensível, por conta de sua transitoriedade, exigindo da ciência uma geometria do real. Descartes introduz a noção da fábula para defender que o conhecimento científico pode, perfeitamente, partir de hipóteses que amainam a aparente desordem no mundo mediante a instituição de uma ordem postiça, em razão da qual são derivadas diversas proposições científicas. Para a verificação dessas proposições, a experiência será o elemento central. (N. do T.)

DESCRIÇÃO DE UM MUNDO NOVO
*e das qualidades da matéria
que o compõe*

PERMITIS a vosso pensamento sair por um instante desse mundo para vir ver um outro, absolutamente novo, que eu farei nascer na presença de espaços imaginários.[1] Os filósofos nos dizem que esses espaços são infinitos e eles de fato devem ter acreditado bastante nisso, uma vez que foram eles mesmos que o criaram. A fim de que essa infinitude não seja um empecilho ou um embaraço para a nossa pesquisa, não nos ocuparemos em exaurir esse tema. Suporemos apenas – considerando que Deus fez todas as criaturas, inclusive nós, há cinco ou seis mil anos, em algum lugar determinado – que Deus criou, numa outra oportunidade, em todas as coisas em torno de nós tanta matéria que para qualquer lado que nossa imaginação puder se estender não poderá perceber nenhum lugar que esteja vazio.

[32]

Ainda que o mar não seja infinito, aqueles que se encontram no meio do mar, sobre alguma embarcação, podem estender sua vista, parece-me, ao infinito; mesmo assim, ainda haverá água além daquilo que eles vêem. Desse modo, embora nossa imaginação pareça poder se estender ao infinito e ainda que essa nova matéria não seja supostamente infinita, podemos supor que ela preenche espaços muito maiores do que todos aqueles que poderão ser imaginados por nós. E a

---

[1] Os espaços imaginários são os espaços situados além das estrelas fixas, conforme a denominação escolástica. Cf. sobre esse termo: *Carta a Mersenne* de 18 de dezembro de 1629 (AT, I, p. 86). (N. do T.)

fim de que não haja nada que possais objetar, não permitimos à nossa imaginação que se estenda tão longe quanto lhe é possível; iremos, desse modo, constrangê-la a conceber o desenho de um espaço determinado, que não seja maior, por exemplo, que a distância entre a Terra e as principais estrelas do Firmamento. Supomos ainda que a matéria que Deus criou estende-se muito além por todos os lados até uma distância indefinida, pois é notável que nós detenhamos, de maneira muito mais consistente, o poder de prescrever limites à nossa ação de pensar do que o poder de estabelecer limites às obras de Deus.[2]

Ora, uma vez que nós tomamos a liberdade de vetar a compreensão dessa matéria por meio de nossa fantasia, atribuímos a ela, se estiverdes de acordo, uma natureza na qual não exista absolutamente nada que cada indivíduo não possa conhecer tão perfeitamente quanto seja possível. E, ainda no que concerne à referida matéria criada por Deus, supomos expressamente que ela não tem a forma da Terra, nem a do Fogo, nem a do Ar ou a de uma outra coisa mais específica como a madeira, a pedra ou o metal. Do mesmo modo, supomos que ela não tem a qualidade de ser quente ou fria, seca ou úmida, leve ou pesada, de ter gosto ou odor, cor ou luz ou qualquer outra coisa parecida, em razão da qual se possa dizer que ela detém alguma coisa que não é de conhecimento de todos.

Não pensemos aqui que essa matéria é aquela Matéria primeira dos filósofos, pois, para conceber a matéria que proponho aqui é necessário remover daquela matéria dos filósofos todas as suas formas e qualidades para que reste apenas aquilo

---

[2] A ciência não pode decidir quanto à extensão do universo, se é ou não infinita. Essa é uma verdade metafísica restrita a Deus. Por isso Descartes prefere recorrer à hipótese de que o universo é indefinidamente extenso, reportando essa indefinição aos limites do pensamento humano. (N. do T.)

que pode ser claramente extenso.[3] Concebemos essa matéria como um verdadeiro corpo – perfeitamente sólido – que preenche na mesma proporção todas as larguras, profundidades e comprimentos desse grande espaço, para o qual voltamos nosso pensamento.[4] Assim, cada parte dessa matéria ocupa uma parte desse espaço proporcional à sua grandeza, de tal modo que ela não o transpõe nem é menor que ele; além disso, essa matéria não sai de onde estava sem que alguma outra preencha o lugar deixado por ela.[5]

Ademais, devemos dizer que essa matéria pode ser dividida em todas as suas partes e sob a forma de diferentes figuras – concebidas ao sabor da nossa imaginação – e que cada uma dessas partes é capaz de receber todos os movimentos que possamos imaginar. Supondo ainda que Deus a divide, efetivamente, em várias partes, umas mais grossas e outras menores, umas de certas figuras, outras de figuras outras, tal como gostaríamos de simulá-las, contudo não devemos pensar que Deus as separou umas das outras, de modo a deixar um vazio entre elas. Pensemos que toda distinção que Deus impôs a elas consiste na diversidade de movimentos que lhes foi dada, fazendo com que, desde o primeiro instante em que essas partes foram criadas, umas começassem a mover-se de um lado e outras de outro; umas mais rapidamente e outras

[34]

---

[3] O raciocínio cartesiano que reduz a matéria primeira dos escolásticos à extensão inscreve-se numa ontologia, diríamos, deflacionada, cujo escopo comporta a minimização das propriedades dos objetos no intuito de realizar uma ciência exclusivamente voltada à quantificação da natureza, próxima, portanto, da geometria. (N. do T.)

[4] Descartes define extensão como profundidade, comprimento e largura. Essa definição é mantida em todas as obras cartesianas. (N. do T.)

[5] A congruência irrestrita entre espaço e matéria aponta para a inexistência do vazio. Todo o deslocamento de matéria implica a substituição imediata daquela parte que se deslocou por uma outra que ocupa na mesma proporção o lugar deixado por ela. Existe, portanto, uma espécie de harmonia preestabelecida por Deus entre os corpos. (N. do T.)

mais lentamente (ou mesmo, se estiverdes de acordo, algumas sem movimento) e que elas continuam seus movimentos seguindo as leis ordinárias da natureza. Deus estabeleceu de um tal modo essas leis que, ainda que não tenha criado nada mais do que aquilo que eu disse, e mesmo que ele não tenha posto na Natureza nenhuma ordem, nem proporção, mas que ele a tenha composto como um caos o mais confuso e o mais embaraçado que possam descrever os poetas, essas leis são suficientes para fazer com que as partes desse caos [35] deslindem-se delas mesmas e disponham-se numa boa ordem, que lhes permita ter a forma de um mundo perfeito, no qual poder-se-á ver não somente a luz, mas também todas as outras coisas, tanto gerais quanto particulares, que apareçam nesse mundo verdadeiro.

Antes que eu avance a minha explicação, parai um pouco para pensar sobre o caos, e observareis que ele não contém nenhuma coisa que não vos seja perfeitamente conhecida e que não sabereis mesmo dissimular o conhecimento dela. Pois, das qualidades que elenquei, se prestastes atenção, apenas as supus tal como podeis imaginá-las. E no que diz respeito à matéria que estabeleci, não há nada mais simples nem mais fácil de reconhecer nas criaturas inanimadas; e a sua idéia é de tal modo presente nas idéias que a imaginação pode formar, que não podereis imaginar nenhuma outra coisa.[6]

Todavia, considerando que os filósofos são tão sutis que sabem achar dificuldades nas coisas a ponto de parecer extremamente claras aos olhos dos outros homens e, mais ainda, que a lembrança que eles guardam da matéria primeira lhes dificulta a compreensão daquela que exponho, eu poderia

---

[6] O argumento central de Descartes nessa passagem é que, embora todas as propriedades da matéria possam ser questionadas e imaginadas de outras formas, a imaginação não pode compreender a matéria sem a extensão. Por isso, a extensão é o que há de mais simples no corpo. (N. do T.)

eventualmente diverti-los com o conhecimento dessa matéria que proponho aqui. Convém que diga a eles que, salvo engano, toda a dificuldade que experimentam na matéria proposta por mim advém apenas do fato de que eles querem distinguir nessa matéria a sua quantidade e a sua extensão exterior ou a sua propriedade de ocupar um espaço. A esse propósito, até admito que eles possam acreditar estar certos, [36] pois não desejo entrar numa discussão para contradizê-los. Com efeito, não devem achar estranho se eu supuser que a quantidade de matéria que descrevi não difere de sua própria substância, da mesma forma que o número não difere da coisa numerada. Ademais, considero sua extensão, ou a propriedade que ela tem de ocupar o espaço, não como um acidente, mas como sua verdadeira forma ou essência, posto que os filósofos não saberiam negar que a referida matéria seja de fácil compreensão. Devo dizer ainda que meu desejo não é o de explicar, como pretendem os filósofos, como as coisas são de fato no mundo verdadeiro, mas apenas pretendo simular um mundo ao meu bel-prazer, no qual não haja nada que os mais grosseiros espíritos não sejam capazes de conceber. Espero também que o mundo verdadeiro possa ter sido criado do mesmo modo como eu o simulo aqui.[7]

Se eu propuser algo minimamente obscuro, poder-se-á alegar que há nessa obscuridade um certo preconceito escondido, de cuja existência eu não teria me apercebido. Por

[7] As hipóteses, além de terem a função metodológica de aplainar o terreno inseguro da percepção sensível e padronizarem o comportamento dos corpos no mundo, detêm a função retórica de afastar a ciência cartesiana das controvérsias com a Igreja. *O Mundo* ocupa-se primeiro de uma simulação hipotética da realidade para que, ao fim dessa simulação, seja constituída uma outra forma representar a realidade que não necessariamente contradiz a doutrina dos filósofos, mas torna mais econômico o estudo da natureza por restringi-lo às três leis e às proposições que derivam dessas leis. Menos que desfazer o mundo tal como ele é apresentado pelos filósofos, Descartes pretende tornar mais clara a compreensão dos fenômenos que ocorrem na natureza, deflacionando a rede conceitual da ciência. (N. do T.)

conseguinte, sem haver pensado nele, eu poderia supor uma coisa impossível; contudo, uma vez imaginando distintamente tudo o que introduzi aqui, é certo que, ainda que não haja no mundo antigo nada daquilo que propus, Deus pode criá-lo de uma nova forma, pois é certo que ele pode criar todas as coisas que somos capazes de imaginar.

DAS LEIS DA NATUREZA
desse mundo novo

NÃO QUERO perder mais tempo dissertando a vós sobre o meio pelo qual a Natureza e apenas ela poderá desfazer o Caos dos poetas (do qual falei há pouco), nem sobre quais são as leis que Deus impôs a ela.

Primeiramente, sabeis que por Natureza não entendo algo [37] como uma deusa ou outra sorte de potência imaginária. Eu me sirvo desta palavra para designar a matéria, enquanto a considero dotada de todas as qualidades que atribuí a ela, incluindo todas conjuntamente, e sob a condição de que Deus continue a conservá-la da mesma forma que a criou.[1] Pois apenas do fato de que Deus continua a conservar a natureza se segue, necessariamente, que devem existir várias mudanças em suas partes, as quais não podem, parece-me, ser atribuídas à ação de Deus, uma vez que a ação de Deus não muda,

---

[1] A criação continuada – Deus cria a natureza a cada instante – é um pressuposto teológico recorrente na obra cartesiana e sobre o qual Descartes acredita ser possível estabelecer as leis da natureza; uma vez que os corpos não detêm nenhuma qualidade que os impulsione ao movimento, e uma vez que Deus não muda o curso da criação, eles tendem, desse modo, a conservar o estado no qual se encontram. Considerando que todas as leis da natureza envolvem, de algum modo, o princípio da conservação de certo estado dinâmico de um corpo, podemos inferir que esse princípio da conservação, do ponto de vista de sua fundamentação teológica, está salvaguardado de eventuais críticas, dada a certeza de que a ação de Deus sobre os corpos é constante e invariável. O problema da criação continuada será trabalhado mais acuradamente por Descartes nas correspondências do início de 1630. (N. do T.)

de sorte que as atribuo à própria natureza.² Às regras que se seguirão, em razão das quais ocorrem essas mudanças, denomino leis da natureza.

Para melhor entender o que proponho, lembrais que, entre as qualidades da matéria, nós havíamos suposto que as suas partes tinham diversos movimentos, desde o início de sua criação, e que, além disso, elas se tocavam mutuamente, sem existir nenhum vazio entre duas delas. De onde se segue necessariamente que, desde então, ao começarem a se movimentar, as referidas partes começaram igualmente a mudar e a diversificar seus movimentos, graças ao encontro de umas com as outras. E, assim, se, por um lado, Deus as conserva de modo próximo àquele pelo qual ele as criou, por outro, não as conserva no mesmo estado, ou seja, Deus age sempre do mesmo modo no que concerne à substância, produzindo, por conseqüência, o mesmo efeito, ao passo que, no que concerne ao acidente, há muita diversidade nos seus efeitos. E é fácil crer que Deus, o qual é, como todos sabem, imutável, age sempre do mesmo modo. Com efeito, sem me dedicar muito a essas considerações metafísicas, estabelecerei duas ou três principais regras, segundo as quais se deve pensar que Deus fez agir a natureza do mundo novo. Além disso, deve-se considerar ainda que essas regras são suficientes, creio eu, para fazer-vos conhecer todas as outras.

A primeira é que cada parte da matéria, tomada individualmente, continua sempre no mesmo estado enquanto ela não encontrar uma outra parte que lhe constranja a mudar; isto é, se ela tem alguma grossura, não se tornará jamais menor, senão quando outras a dividirem; do mesmo modo, se ela é redonda ou quadrada, não mudará de figura enquanto outra não a constranja a tanto; se ela está parada em algum lugar,

---

² As mudanças que ocorrem na natureza indicam menos uma variação no modo como Deus conserva o mundo que uma contingência referente ao choque que há entre as partes que compõe o mundo. (N. do T.)

nunca se movimentará enquanto outras partes da matéria não a tocarem; por fim, se ela começa a se mover, continuará sempre a movimentar-se com igual força até o momento em que uma outra a pare ou a retarde.³

Não há ninguém que não acredite que a referida regra possa ser observada no mundo antigo, no tocante à grossura, à figura, ao repouso e a mil outras coisas parecidas, mas os filósofos excetuaram o movimento, que é justamente aquilo que mais desejo compreender. E não penseis, pelo exposto aqui, que eu deseje contradizê-los. Entretanto, o movimento [39] de que eles falam é demasiado diferente daquele que eu concebo, de modo que aquilo que é verdadeiro no mundo antigo pode facilmente não ser naquele mundo novo que proponho aqui.

Os filósofos confessam que a natureza do movimento, tal como eles o concebem, é pouco conhecida, e para torná-la de algum modo inteligível não encontraram explicação mais clara à que se segue nos seguintes termos: *Motus est actus*

---

³ A primeira regra cartesiana, juntamente com a terceira, introduz a lei da inércia segundo a qual cada corpo tende a conservar o seu movimento ou o seu estado. Trata-se de um erro corriqueiro na história da ciência, particularmente na história da física, atribuir a lei da inércia a Galileu, para quem a referida lei indica a identidade do estado inercial com o movimento circular uniforme. Assim, para Galileu o corpo estaria num estado inercial quando ele se move com velocidade constante face a uma mesma posição relativa, isto é, o centro da circunferência. Entretanto, o estado de inércia, a despeito do que acreditava Galileu, compreende, como o juíza Descartes, o estado no qual não há nenhuma força agindo sobre o corpo (ou, em termos atuais, o estado no qual a resultante das forças que agem sobre um corpo é nula) que o constranja a mudar de estado e, conseqüentemente, de trajetória. Além disso, o movimento circular é absolutamente destoante daquele retilíneo, o qual representa, como bem indicará Descartes, o estado de inércia, pois para que ele seja realizado é necessário que haja pelo menos uma força constante agindo sobre um corpo. O termo *inércia* é empregado por Descartes em diversas passagens. Convém observar, por exemplo, a carta a Debeaune de 30 de abril de 1639 (AT, III, p. 543). (N. do T.)

*entis in potentia prout in potentia est.*⁴ Esses termos são tão obscuros para mim que sou constrangido a deixá-los na língua original, pois não saberia interpretá-los [e, de fato, as seguintes palavras – *le mouvement est l'acte d'un être en puissance, en tant qu'il est en puissance* ("o movimento é o ato de um ser em potência, enquanto ele é em potência") – não são mais claras quando estão na língua francesa]. Com efeito, a natureza do movimento de que pretendo falar aqui é tão fácil de ser conhecida que mesmo os geômetras, que entre todos os homens são aqueles mais cultivados para bem distinguir as coisas que eles tomam como seus objetos, têm julgado que essa sorte de movimento é mais simples e mais inteligível do que aquele de suas superfícies e de suas linhas, em função do qual eles explicaram o movimento da linha pelo movimento do ponto e o movimento da superfície pelo movimento da linha.

Os filósofos supõem também vários movimentos que pensam poderem ser realizados sem que nenhum corpo mude de lugar, como os que denominam da seguinte maneira: *Motus ad formam, motus ad calorem, motus ad quantitatem* ("movimento da forma, movimento do calor, movimento da quantidade") e mil outros. E não conheço nenhum movimento senão aquele que é mais fácil de conceber do que as próprias linhas dos geômetras, e que faz com que o corpo passe de um lugar a outro, ocupando sucessivamente todos os espaços que estão entre eles.⁵

---

⁴ *O movimento é o ato do ente em potência enquanto tal.* (N. do T.)

⁵ Essa analogia da natureza do movimento dos objetos físicos com o movimento do ponto geométrico no espaço euclidiano é freqüentemente interpretada, de forma um pouco apressada, como a descrição de uma identidade entre o movimento natural e o movimento geométrico. Essa passagem revela duas concepções de movimento distintas, cuja comparação, longe de visar uma identidade, pretende enfatizar a simplicidade do movimento descrito pelos corpos físicos, mostrando que ele é mais fácil de ser compreendido que o próprio movimento dos corpos geométricos. Assim como os ge-

Além disso, os filósofos atribuem ao menor desses movimentos um ser muito mais sólido e muito mais verdadeiro que aquele dos objetos em repouso, o qual eles dizem ser apenas uma privação. Quanto a mim, considero que o repouso é uma qualidade que deve ser atribuída à matéria quando ela permanece em um lugar, do mesmo modo que o movimento é uma qualidade que se atribui a essa mesma matéria quando ela se desloca.[6]

Enfim, o movimento de que eles falam é de uma natureza tão estranha que, em vez de as coisas terem por fim a perfeição e ocuparem-se apenas de conservá-la, não tendo nem outro fim, nem outro objetivo, senão o repouso, contra todas as leis da natureza elas se dirigiriam, segundo eles, à autodestruição. Diferente dessa noção de movimento, aquela que eu suponho segue as mesmas leis da natureza, que produzem geralmente todas as disposições e todas as qualidades que se encontram na matéria; de modo que, naquelas qualidades que os doutos chamam *modos et entia rationis cum fundamento in re* ("modos e seres de razão com fundamento na coisa") e as concebem como *qualitates reales* ("qualidades reais"), confesso ingenuamente não achar mais realidade do que nas outras qualidades.

Como segunda regra, suponho que, quando um corpo em- [41]

ômetras, que consideram apenas o deslocamento como a natureza do movimento, também os físicos devem ater-se apenas ao deslocamento dos corpos a fim de explicar sua natureza. Contudo, ao contrário do movimento do corpo no espaço geométrico, que pode ser descrito sem levar em consideração velocidade e a força, o movimento no espaço físico não pode desconsiderar esses dois fatores. Por isso, essa analogia deveria ser interpretada como uma descrição antitética do movimento da física cartesiana face ao movimento dos filósofos. A antítese assenta-se na certeza de que se deve reduzir as diversas formas de se definir o movimento ao simples deslocamento dos corpos, ocasionado pelo choque entre eles. (N. do T.)

[6] Para a física cartesiana, o repouso e o movimento são um estado puramente contingente da matéria e não propriedades intrínsecas a certos objetos. (N. do T.)

purra um outro, ele só lhe transmitirá movimento caso ele perda, simultaneamente, do seu próprio movimento, assim como ele não poderá retirar o movimento do outro corpo senão aumentando seu próprio movimento.[7] Essa regra, junto com a precedente, reporta-se a todas as experiências em que vemos que um corpo começa ou cessa o seu movimento quando é empurrado ou parado por um outro. Tendo suposto a regra precedente, somos isentos da dificuldade que cerca os doutos quando pretendem explicar que uma pedra, após ter sido arremessada por alguém, continua a se mover por um certo intervalo de tempo, posto que, ao contrário do modo como os doutos procedem para explicar o referido fenômeno, deve-se perguntar primeiro por que a pedra não continua o seu movimento.[8] A razão para tanto é fácil de ser exposta, pois quem pode negar que o ar no qual a pedra se move não lhe faz alguma resistência? Escuta-se o ar soprar quando a pedra o divide e, se movemos o ar com um abano ou qualquer outro corpo muito leve e extenso, poder-se-á sentir — diferentemente daquilo que se diz normalmente — pesar sobre nossas mãos que impedimos, de algum modo, o movimento do ar. Entretanto, no caso em que falte à explicação do efeito da resistência do ar o uso de nossa segunda regra, e que se

---

[7] Para Descartes, toda transmissão de movimento de um corpo a outro é simétrica, ou seja, a quantidade de movimento que um corpo transfere ao outro é equivalente à quantidade que ele perde. (N. do T.)

[8] A pergunta sobre o motivo pelo qual os corpos cessam os seus movimentos parece pressupor que eles tendem naturalmente para o repouso. Descartes inverte o raciocínio escolástico por não creditar ao corpo nenhuma capacidade imanente que lhe constranja ao movimento ou ao repouso. Assim, ao invés de perguntar por que um corpo pára de se movimentar, deve-se perguntar por que ele não continua o seu movimento. O corpo só pode parar de se movimentar se houver um outro que lhe ofereça uma resistência maior que sua própria força de resistência. Portanto, caso se suponha que não há nenhum objeto que impeça o deslocamento de um corpo em movimento, esse corpo não tem nenhum motivo para parar e deve continuar seu movimento indefinidamente. (N. do T.)

pense que quanto mais um corpo puder resistir, mais ele será capaz de parar o movimento dos outros corpos (como alguns podem estar persuadidos), ter-se-á então novamente grande dificuldade para explicar por que o movimento dessa pedra [42] diminui mais acentuadamente quando ela encontra um corpo flácido, cuja resistência é medíocre, do que quando ela encontra um corpo mais duro, que lhe oferece uma resistência maior. Assim como também teremos muita dificuldade para explicar por que, quando essa pedra imprime uma força maior contra esse corpo duro, ela retorna imediatamente em vez de parar ou de interromper o seu movimento por si mesma. Supondo a nossa segunda regra, não há nenhuma dificuldade em explicar os referidos fenômenos, pois, em razão do que ela prescreve, sabemos que o movimento de um corpo não é retardado pelo movimento de um outro corpo quando ambos têm a mesma resistência, mas apenas quando um deles oferece uma resistência menor ao outro e recebe, por conseguinte, a força para se mover que lhe é transmitida.[9]

Ora, ainda que na maior parte dos movimentos que vemos no mundo verdadeiro não possamos perceber quando os corpos, que cessam ou começam a se movimentar, são empurrados ou parados por algum outro, nós não detemos, contudo, o poder de julgar que as duas regras expostas aqui não são exatamente observadas no mundo verdadeiro, pois é certo que os referidos corpos podem freqüentemente receber sua agitação de dois elementos, ar e fogo, que estão sempre presentes entre os corpos, sem que, contudo, possamos senti-los — como já dissemos à exaustão. Eles podem, ainda, ser agitados pelo ar mais grosseiro, que também não podemos sentir, de modo que podem transferir a referida agitação tanto para esse ar mais grosseiro quanto para a massa da Terra, dentro

---

[9] A mudança de estado de um corpo só ocorre se lhe for oferecida uma força maior que a sua resistência. (N. do T.)

da qual, estando dispersos, não permitem que percebamos a sua agitação.

[43] Ainda que nossos sentidos nunca tenham experimentado no mundo verdadeiro tudo aquilo que falamos e ainda que esse verdadeiro mundo pareça, de forma bastante manifesta, ser contrário ao que é contido nessas duas regras, a razão pela qual as estabeleci parece-me tão forte que não poderei deixar de crer na obrigatoriedade de as supor no novo mundo, cuja descrição realizo aqui. Ora, que fundamento poderia existir (ainda que alguém queira procurar um outro) mais consistente e mais sólido para se estabelecer a verdade que aquele que leva em consideração a consistência e a imutabilidade de Deus?

Ora, essas duas regras seguem-se única e exclusivamente do fato de que Deus é imutável e que, agindo sempre do mesmo modo, produz sempre o mesmo efeito. Assim, supondo que ele colocou uma certa quantidade de movimento em toda a matéria em geral, desde o primeiro instante no qual ele a criou, convém admitir que ele a conserva sempre e em igual proporção, ou então não se deve acreditar que ele age sempre do mesmo modo.[10] Supondo, a partir do que dissemos, que desde o primeiro instante da criação as partes da matéria, nas quais o movimento encontra-se igualmente disperso, começaram a conservar seus movimentos ou a transferi-lo de uma parte para outra, segundo a força que elas podiam ter, então é impreterivelmente necessário pensar que Deus as faz continuar sempre da mesma maneira. É nisso que consiste a segunda regra.

A minha terceira regra consiste no seguinte: ainda que
[44] o movimento de um corpo faça-se mais freqüentemente em linha curva e que esse corpo não possa jamais fazer nenhum movimento que não seja de algum modo circular, como já dissemos acima, então cada uma de suas partes em particular

---

[10] Princípio da conservação da quantidade de movimento. (N. do T.)

tende sempre a continuar o seu movimento em linha reta. Desse modo, a ação desse corpo, isto é, a sua inclinação a mover-se é diferente do seu movimento.[11]

Por exemplo, se fizermos uma roda girar sobre seu eixo; ainda que todas as suas partes estejam compactas e movam-se circularmente, elas são inclinadas a seguir o movimento retilíneo, como parece claro quando, por acaso, uma dessas partes destaca-se das outras, pois a partir do instante em que ela se livra das outras, o seu movimento cessa de ser circular e continua em linha reta.

Do mesmo modo, quando se gira uma pedra amarrada num barbante, não apenas ela segue uma linha reta – quando se destaca do barbante –, como também durante o tempo em que ela está amarrada no barbante ela o pressiona, tornando-o, por conseqüência, completamente esticado. Isso mostra – evidentemente – que a pedra tem sempre a inclinação de prosseguir em linha reta e que ela se move circularmente apenas quando é constrangida.

Essa terceira regra se apóia sobre o mesmo fundamento que as outras duas, e depende apenas do fato de que Deus

---

[11] A tendência de uma esfera de abandonar o seu movimento circular, percorrendo uma trajetória retilínea, inscrita nas infinitas retas tangentes à circunferência, serve para apresentar uma dupla certeza, decorrente da terceira lei. Primeiro: a forma constante – uniforme – de parte dos movimentos circulares é fruto da ação direta de uma força externa sobre um determinado corpo. Segundo: a partir do momento em que não há nenhuma força atuando para manter um certo corpo em movimento circular (ou a resultante das forças que agem sobre esse corpo é nula), ele tende a seguir a única trajetória na qual não é necessário que exista uma força agindo sobre um corpo, a retilínea. Nessa perspectiva, o princípio da inércia não designará a inércia do movimento – por exemplo, a regularidade descrita nas órbitas celestes –, mas a inércia da mudança do movimento; isto é, ele designa o princípio geral que determina que toda mudança no movimento dos corpos é conseqüência da atuação de uma força contrária àquela que ele preservara antes de se submeter a uma certa colisão. (N. do T.)

conserva cada coisa por meio de uma ação contínua.¹² Assim, Deus não conserva essa coisa tal como ela poderia ter sido antes, mas sim tal como ela é no mesmo instante em que é conservada. Ora, de todos os movimentos apenas o retilíneo é inteiramente simples, cuja natureza é compreendida num instante. Pois, para concebê-lo é preciso apenas pensar que um corpo está disposto a mover-se para um lado em todos os instantes que podem ser determinados durante o tempo em que ele se move; ao passo que, para conceber o movimento circular ou qualquer outro que possa existir, é necessário, ao menos, considerar dois de seus instantes ou, melhor ainda, duas de suas partes e a relação que há entre elas.

Entretanto, a fim de que os filósofos ou, melhor ainda, os sofistas não requeiram essa ocasião para exercer as suas supérfluas sutilezas, observeis que eu não digo que o movimento retilíneo possa ser feito num instante, mas apenas que tudo o que é requisitado para produzi-lo — ao contrário daquilo que é requisitado para o movimento circular — encontra-se no corpo a cada instante que pode ser determinado quando ele se move.

Como, por exemplo, quando uma pedra se move num barbante seguindo o círculo marcado AB, considerando o instante em que ela chega ao ponto A, achareis facilmente que ela, por um lado, está em ação para mover-se, posto que não interrompe o seu movimento, e, por outro, achareis que ela se move para um certo lado, a saber, para o lado C, posto

---

¹² Para Descartes, a vontade de Deus é perene e infinita, por assim dizer, encarnada em toda variação material do ente. Desse modo, ela é ilimitada, pois nada acontece sem seu concurso, sem sua presença. Considerando que, segundo Descartes, não há um modelo prévio em função do qual o verbo se transubstancia em carne, a conseqüência natural é de considerar a ação de Deus sobre as coisas a cada instante como uma escolha de sua própria vontade. Em outras palavras, a presença de Deus no universo é cristalizada em infinitas e invariáveis ações por meio das quais ele mantém a substancialidade de ente natural. (N. do T.)

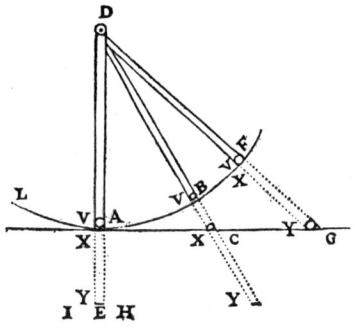

Fig. 1

que é para lá que a sua ação é determinada nesse instante; por conseguinte, não sabereis encontrar nela mesma nenhum motivo que a faça seguir o movimento circular. Tanto é verdade que, supondo que ela comece a sair do barbante e que Deus continue a conservá-la tal como ela é nesse momento, é certo que ele não a conservará com inclinação de seguir circularmente a linha AB, mas a conservará com a inclinação de seguir em linha reta em direção ao ponto C.[13]

[46]

Seguindo essa regra, convém dizer que apenas Deus é o autor de todos os movimentos que ocorrem no mundo – enquanto eles ocorrem e enquanto são retilíneos –, de sorte que são as diversas disposições da matéria que os torna irregulares

---

[13] Essa figuração do estado de inércia permite a constituição de uma cinemática – ainda que incipiente, em virtude da ausência da descrição matemática do movimento, a partir da noção de posição (raio vetorial) em relação a um referencial de trajetória (vetor deslocamento), de tempo e dos vetores velocidade e aceleração – capaz de inscrever o movimento na forma de uma figura geometricamente determinável. Deve-se notar ainda que a figura apresentada na obra cartesiana é pouco clara, pois ela mostra uma pequena esfera percorrendo uma mesma reta tangente ao arco, o que pode sugerir que a esfera, quando desprendida do ponto fixo da figura (o ponto "D"), seguiria diferentes pontos sobre uma única reta, diferentemente daquilo que prescreve a terceira regra. (N. do T.)

e curvos, assim como, analogamente, os teólogos nos ensinam que Deus é também autor de todas as nossas ações – enquanto elas existem e têm alguma bondade –, mas são as diversas disposições de nossa vontade que podem torná-las viciosas.[14]

Poderia ainda estabelecer aqui várias regras para determinar, em particular, quando, como e em que quantidade o movimento de cada corpo pode ser alterado – aumentado ou diminuído – quando ele é submetido a um choque com um outro corpo; o que compreende, aliás, sumariamente todos os efeitos da Natureza.[15] Com efeito, contentar-me-ei em advertir-vos de que, além dessas três leis que expliquei, não pretendo supor outras senão aquelas que se seguem infalivelmente das verdades eternas, nas quais os matemáticos estão acostumados a apoiar as suas mais evidentes e mais certas demonstrações. Deus nos ensinou essas verdades (a que me refiro e cujo conhecimento é tão natural em nossa alma) e, segundo essas mesmas verdades, dispôs todas as coisas em número, peso e medida; de sorte que nós não podemos deixar de julgá-las infalíveis quando as concebemos distintamente.[16]

---

[14] A ambigüidade do pensamento cartesiano é notável aqui. Descartes atribui todos os movimentos ao consórcio divino, mas simultaneamente admite uma certa autonomia (vontade) na matéria. Essa ambigüidade poderá ser reduzida, caso considerarmos que a autonomia da matéria, prescrita por ele aqui, é dissonante em relação à sua doutrina do movimento. A referida ambigüidade leva-nos a crer que *O Mundo* guarda ainda algumas imprecisões decorrentes do fato de ser uma obra inacabada, sem revisões, bem como não portar, como era desejo de Descartes, as questões metafísicas de forma plenamente desenvolvidas, tal como o serão nas correspondências do início de 1630 e nas *Meditações*. (N. do T.)

[15] Descartes efetivamente fornecerá essas regras nos *Princípios da Filosofia* (AT, VIII, p.66-71). As regras cartesianas serão, quando não imprecisas, como ocorre com a primeira, erradas do ponto de vista da mecânica clássica. Contudo, essas regras serão pouquíssimo relevantes para a física cartesiana. (N. do T.)

[16] As verdades que Deus ensina correspondem ao germe daquilo que será mais tarde designado como verdades inatas, que é uma espécie de lastro para a certeza do conhecimento das proposições da metafísica. (N. do T.)

Não poderíamos igualmente duvidar delas, pois, caso Deus tivesse criado vários mundos, todos eles seriam constituídos, tal como ocorre com a Terra, em função dessas verdades.[17] Assim, aqueles que saberão examinar suficientemente as conseqüências dessas verdades e de nossas regras poderão conhecer os efeitos pelas causas. Para me exprimir em termos de Escola, essas pessoas poderão ter demonstrações *a priori* de tudo que pode ser produzido nesse mundo novo. [48]

E a fim de que não haja nenhuma exceção que nos impeça de avançar nossa explicação, acrescentaremos, se estiverdes de acordo, a suposição de que Deus não fará jamais nenhum milagre e os seres inteligentes ou as almas racionais não alterarão de modo nenhum o curso ordinário da natureza.[18]

Não obstante, não prometo colocar aqui demonstrações exatas de todas as coisas que eu vos direi. Seria um exagero abrir-vos o caminho que podeis achar sozinho quando sois disposto a procurá-lo. A maior parte dos espíritos incomodam-se quando tornamos as coisas muito fáceis. E para fazer um quadro que vos agrade, é necessário que eu empregue tanto a sombra quanto cores claras. Desse modo, contentar-me-ei em seguir a descrição que comecei, como se vos contasse uma fábula.[19]

---

[17] As verdades eternas são, portanto, válidas em todos os mundos possíveis. (N. do T.)

[18] A validade das leis da natureza está condicionada ao modo uniforme pelo qual Deus cria a natureza a cada instante. (N. do T.)

[19] O termo metafórico *fábula*, empregado por Descartes aqui, visa afastar a sua ciência das intermináveis discussões metafísicas para inseri-la num âmbito hipotético, constituído em função da rede conceptual da ciência (leis da natureza e proposições derivadas, deduzidas delas) e para cuja verificação concorrem as observações empíricas. (N. do T.)

DA FORMAÇÃO DO SOL
e das estrelas desse mundo novo

PARA QUE exista alguma desigualdade e confusão entre as partes da matéria, que nós supomos postas por Deus no início da criação, é necessário considerar, seguindo as leis que ele impôs à natureza, que essas partes tenham se reduzido quase todas a uma grossura e um movimento medíocre e, por meio disso, adquiriram a forma do segundo elemento, tal como eu [49] expliquei anteriormente. Pois, para se considerar essa matéria no estado em que ela poderia encontrar-se antes de Deus a começar movê-la, deve-se imaginá-la como o corpo mais duro e mais sólido que existia no mundo. E como não seria possível empurrar nenhuma parte do referido corpo, sem empurrar ou retirar (pelo mesmo meio) todas as outras, do mesmo modo devemos pensar que a ação ou força de mover e de dividir, que deve ter sido posta no início em alguma dessas partes, expandiu-se e distribuiu-se em todas as outras, num mesmo instante, do modo mais proporcional possível.

É verdade, porém, que essa proporção não pôde ser perfeita, pois, primeiramente, devido a não haver de forma alguma vazio nesse mundo novo, é impossível que todas as partes da matéria sejam movidas em linha reta; contudo, sendo elas razoavelmente iguais e podendo também ser facilmente desviadas umas das outras, elas se reuniram em alguns movimentos circulares. Supondo que Deus inicialmente move essas partes da matéria de forma diversa, não devemos pensar que todas elas giram em torno de um mesmo centro, mas sim em torno de vários e diferentes centros e, conseqüentemente, podemos imaginá-las em diversas situações umas em relação às outras.

Seguindo o que foi exposto aqui, pode-se concluir que as partes da matéria do segundo elemento deviam ser naturalmente menos agitadas ou menores ou ainda de ambos os modos, indo em direção aos lugares mais próximos do centro, aos quais nos referíamos, em detrimento de se afastarem dele. Pois, considerando que essas partes da matéria do segundo elemento têm inclinação a continuar o seu movimento em linha reta, é certo que elas são as mais fortes (isto é, as mais grossas entre aquelas outras igualmente agitadas e as mais agitadas entre aquelas outras igualmente grossas) e devem ter descrito os maiores círculos, numa tentativa de se aproximarem da linha reta. No que diz respeito à matéria contida entre três ou vários círculos, ela inicialmente pôde se encontrar muito menos dividida e menos agitada do que toda aquela matéria que se encontrava fora desses círculos. Além disso, se supomos que Deus inicialmente colocou toda sorte de desigualdade entre as partes dessa matéria, então devemos pensar que, do mesmo modo que ele colocou toda sorte de grossuras e figuras, ele também as dispôs a se moverem (de todas as formas e em todos os sentidos) ou a não se moverem.

Contudo, isso não impede que, em seguida, quase todas elas tenham se tornado iguais, principalmente aquelas que permaneceram a uma distância semelhante dos seus centros, em torno dos quais elas giravam. Pois, não podendo mover uma sem mover as outras, as partes mais agitadas foram obrigadas a comunicar o seu movimento para aquelas que eram menos agitadas e as mais grossas a se romper e dividir, no intuito de poder passar pelos mesmos lugares em que estavam aquelas que as precediam. Essas partes da matéria (mais agitadas e mais grossas) poderiam ainda ter subido mais alto e, assim, organizarem-se, em pouco tempo, por ordem; de modo que cada uma se encontra mais ou menos afastada do centro, em torno do qual elas tomaram o seu curso, conforme são mais ou menos grossas e agitadas em comparação com as outras. E sobretudo porque a grossura repugna sempre à [51] velocidade do movimento, deve-se pensar que as mais afastadas de cada centro, sendo um pouco menores que as mais próximas, foram as mais agitadas.[1]

O mesmo ocorre com as figuras dessas partes da matéria; ainda que suponhamos que elas fossem, no início da criação, de todas as sortes e que tivessem, na maior parte delas, vários ângulos e vários lados, assim como os pedaços de uma pedra que se dissipam quando ela se rompe, do mesmo modo é certo que, movendo-se e chocando-se umas contra as outras, elas romperam pouco a pouco as pequenas pontas dos seus ângulos e removeram o quadrado dos seus lados até todas ficarem redondas, tal como ocorre com os grãos de areia e os seixos quando escorrem junto com o rio. Tanto é verdade que agora não pode haver nenhuma diferença notável entre aquelas que são vizinhas, nem mesmo entre aquelas que estão muito longe, senão no que concerne ao fato de umas poderem mover-se um pouco mais rápido e serem um pouco mais grossas (ou mesmo um pouco menores) em relação às outras. Porém, isso não impede que possamos atribuir a todas elas a mesma forma.

Deve-se apenas excetuar algumas partes que, tendo sido, desde o começo, muito mais grossas que as outras, não puderam dividir-se facilmente, ou que, possuindo as figuras muito [52] irregulares e resistentes, organizaram-se de maneira muito mais unida – várias delas em um único conjunto – e não se romperam para se arredondar. Assim, essas partes adquiriram a forma do terceiro elemento e serviram para compor os planetas e os cometas, como disse há pouco.

---

[1] Para Descartes, o tamanho (grossura) de um corpo é inversamente proporcional a sua velocidade. (N. do T.)

DA FORMAÇÃO DO SOL

Ademais, é necessário observar que a matéria que saiu das partes em torno do segundo elemento – na medida em que essas partes se romperam e as pequenas pontas dos seus ângulos tornaram-se menos agudas – teve de adquirir, por um lado, um movimento muito mais rápido do que aquele que tinha e, por outro, adquiriu uma facilidade para se dividir e mudar de figura, em todos os instantes, no intuito de acomodar-se à figura do lugar em que se encontra agora. Desse modo, a parte da matéria aqui descrita adquiriu a forma do primeiro elemento.

Digo que a parte que formou o primeiro elemento necessitou adquirir um movimento muito mais rápido do que aquele que tinha por uma razão evidente. Essas partes, tendo de sair de lado e por passagens extremamente estreitas – fora dos pequenos espaços que existiam entre as partes do segundo elemento, decorrentes dos choques que ocorriam entre elas –, essas partes tiveram um caminho muito maior, que aquele das partes do segundo elemento, para ser percorrido no mesmo tempo.

Também é fundamental observar que o que se encontra no primeiro elemento – que não é mais do que o necessário para preencher os pequenos intervalos que as partes do segundo, que são redondas, deixam inevitavelmente em torno delas – deve retirar-se em direção aos centros, em torno dos quais as partes do segundo elemento giram, dado que essas últimas ocupam os lugares mais afastados e que nesses lugares devem [53] compor-se os corpos redondos, perfeitamente líquidos e sutis, que giram sem parar, rapidamente e no mesmo sentido que as partes do segundo elemento que os cerca. Esses corpos redondos têm a força de aumentar a agitação das partes que lhe são mais próximas, além de poderem empurrá-la para todos os lados, retirando-as do centro e colocando-as em direção à linha da circunferência; do mesmo modo, essas partes empurram umas às outras, por uma ação que devo explicar da maneira mais exata o possível. Adverti-vos, antecipadamente, que é essa a ação, descrita acima, que nós consideramos como a luz, do mesmo modo que tomamos os referidos corpos redondos, compostos (como descrevi no meu mundo novo) da matéria do primeiro elemento inteiramente pura, uns como Sol e outros como estrelas fixas do mundo novo. Ao passo que a matéria do segundo elemento compõe os céus.

Imaginai, por exemplo, que os pontos S. E. ε A. são o centro do qual vos falo e que toda matéria compreendida no espaço F. G. G. F. é um céu que gira entorno de um Sol (ponto S).[2] Imaginai ainda que toda a matéria compreendida no espaço H. G. G. H. é um outro céu que gira em torno de outra estrela ε e assim ocorre com os outros espaços, de sorte que há tantos céus diversos quanto há estrelas. Como o número de estrelas é indefinido, o número de céus é igualmente indefinido. Além disso, o firmamento não é outra coisa senão a superfície sem espessura, que separa os céus uns dos outros.

Pensai também que as partes do segundo elemento, que estão em torno de F ou G, são mais agitadas do que aquelas que estão perto de K ou L, de sorte que a velocidade delas diminui pouco a pouco após entrarem na região que se estende para além da circunferência superior de cada céu –

---

[2] As figuras no *Mundo* não têm a função, como têm na física de Galileu e Kepler, de articular a física e a matemática, de geometrizar o real através da construção de um algoritmo, em função do qual os diversos fenômenos podem ser quantificados. A figura cartesiana é, diríamos, uma foto, uma figuração da realidade, cujos componentes, tais como nas fotografias, embora não sejam perceptíveis, permitem a percepção inteligível e total do real. Nessa perspectiva, a figura no *Mundo* não será necessariamente uma figura geométrica que poderia, conforme Descartes faz brilhantemente na sua *Geometria*, ser reduzida a uma equação aritmética. A figura é a única forma de re(a)presentar o real na medida em que ela torna visível, mesmo que por suposição, a dinâmica das partículas dos corpos do universo. Se a fotografia é o resultado da apreensão num instante de infinitas partículas que compõe o objeto fotografado, a figura cartesiana é apreensão – imaginativa – da dinâmica do natural num instante. (N. do T.)

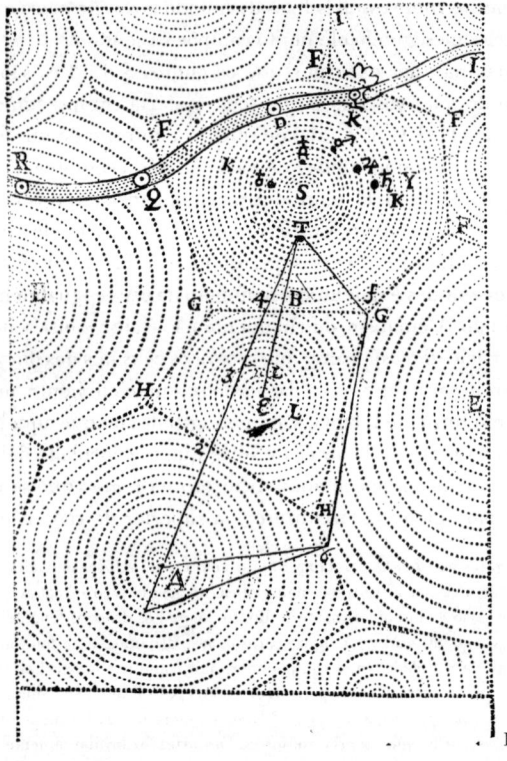

Fig. 2

como, por exemplo, a região da esfera K, K (localizada em torno do Sol) e da esfera L, L (localizada entorno da estrela ε). Depois de diminuírem a velocidade, percorrendo o trecho descrito, por conta da agitação dos astros que encontram, as partes do segundo elemento pouco a pouco aumentam a velocidade (esse aumento ocorre até elas estarem no centro dos céus). Desse modo, durante o momento em que as partes do segundo elemento, que estão em torno de K, descrevem um círculo inteiro em torno do Sol, aquelas partes que estão perto de T, que eu suponho estar dez vezes mais próximo do Sol, descreverão não apenas dez círculos – como elas fariam se se movessem igualmente rápido –, mas talvez mais de trinta. E, ainda, aquelas partes que estão perto de F ou perto de G, que suponho estarem duas ou três vezes mais afastadas do Sol, podem descrever sessenta vezes o círculo. De onde podereis entender que os planetas que estão mais altos devem mover-se mais lentamente que aqueles que estão embaixo ou mais próximos do Sol. Todos os planetas movem-se mais lentamente que os cometas, que estão, todavia, mais afastados do Sol.[3]

No que diz respeito à grossura de cada uma das partes do segundo elemento, pode-se pensar que ela está igualmente distribuída em todas as partes que estão localizadas entre a circunferência exterior do céu FGGF e a região dos círculos KK. Pode-se supor ainda que as mais altas dentre elas são um pouco menores que as mais baixas, uma vez que não se pode supor a diferença de suas grossuras maior do que aquela referente às suas velocidades. Contudo, no que concerne à região localizada depois do círculo K até o Sol, deve-se pensar justamente o contrário: as mais baixas entre as partes do segundo elemento é que são as menores e a diferença de suas grandezas é muito maior – ou mesmo de igual proporção – do

---

[3] Para Descartes, a velocidade dos planetas é inversamente proporcional à distância que eles guardam do Sol. (N. do T.)

que aquela referente às suas velocidades. Pois, do contrário, sendo as partes mais baixas as mais fortes, por causa de sua agitação elas iriam ocupar o lugar das mais altas.

Enfim, considerando o que falei sobre a formação do Sol e das outras estrelas fixas, observai que seus corpos podem ser tão pequenos em relação aos céus que os contém, que mesmo todos os círculos KK, LL e outros similares (os quais delimitam até onde a sua agitação faz avançar o curso da matéria do segundo elemento) serão considerados em relação aos céus apenas como pontos que marcam seu centro. Assim, os novos astrônomos consideram, em comparação com o firmamento, quase como um ponto a esfera de Saturno.

DA ORIGEM E DO CURSO
dos planetas e dos cometas em geral;
em particular dos cometas

Ora, no que diz respeito aos planetas e aos cometas, considerai que, em virtude da diversidade das partes da matéria que suponho existir, ainda que a maior partes dentre elas rompa-se e divada-se — devido ao encontro com outras —, adquirindo, por conseguinte, a forma do primeiro ou do segundo [57] elemento, elas podem ser encontradas em outras duas formas, que compõem o terceiro elemento, a saber, aquelas cujas figuras são muito extensas e muito difíceis de serem modificadas (de modo que, quando uma encontra a outra, é mais fácil se unirem e, por meio disso, tornarem-se mais grossas do que se romperem e diminuírem a sua grossura) e aquelas que, tendo sido desde o começo as mais grossas e as maciças em relação à todas as outras, puderam romper e fragmentar as outras partes à medida que as tocavam, mas elas mesmas não foram nem afetadas nem fragmentadas.

Ora, ainda que imagineis que esses dois tipos de partes do terceiro elemento tenham sido inicialmente muito ou pouco agitadas ou mesmo que elas não tenham tido nenhuma agitação, é certo que elas foram impelidas a se mover na mesma instabilidade da matéria do céu que as contém. Pois, caso elas tivessem se movido mais rápido do que essa matéria, não poderiam, quando a encontrassem, ter deixado de empurrá-la. Desse modo, teriam, em pouco tempo, transferido a ela uma parte de sua agitação. Se, ao contrário, não tivessem, nelas mesmas, nenhuma inclinação para se mover — ainda que estivessem completamente cercadas por essa matéria do céu –, teriam necessariamente de seguir o curso. Tal como vemos todos os dias o barco e todos os diversos corpos que flutuam sobre as águas (independente de serem mais ou menos maciços) seguirem o curso da água quando não há outra coisa que os impeça.

Observai que, entre os diversos corpos que flutuam sobre as águas, os bastante duros e maciços, como normalmente são os barcos, sobretudo os maiores e mais carregados, têm sempre muito mais força que a própria água para continuar o seu movimento – mesmo que eles tenham recebido apenas da água a força para continuar seu movimento –, ao passo que os corpos mais leves, como as espumas que flutuam no rio em tempos de tempestade, têm menos força. Desse modo, se imaginardes dois rios que se juntam num certo ponto e que se separam um pouco depois, antes que suas águas (supostamente muito calmas e de forças equivalentes, mas todas as duas detendo uma grande velocidade) tenham ocasião de se misturarem, os barcos ou os outros corpos muito maciços e muito pesados poderão facilmente passar de um rio para o outro, ao passo que os corpos mais leves afastar-se-ão um do outro – graças à força dessa água – em direção ao lugar em que a água do rio é menos rápida.

Se, por exemplo, esses dois rios são ABF e CDG, que, vindos de dois lados diferentes, encontram-se perto de E e depois desse ponto de encontro retornam – AB em direção a F e CD em direção a G –, é certo que o barco H, que segue o curso do rio AB, deve passar por E em direção a G e reciprocamente o barco I deve passar em direção a F, salvo se eles se encontrarem na mesma passagem e ao mesmo tempo, posto que nesse caso o maior e o mais forte quebrará o outro. Ao passo que a espuma, as folhas de árvores, as plumas e os outros corpos leves, que podem flutuar em direção a A, devem ser empurrados pelo curso das águas que os contém, não em direção a E e G, mas em direção a B, uma vez que se deve

Fig. 3

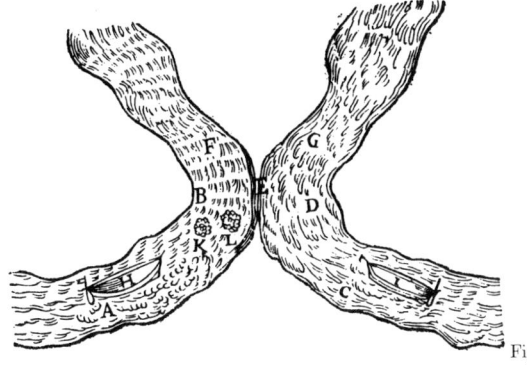

pensar que em B a água é menos forte e menos rápida do que aquela que vai em direção a E, devido ao fato de ela ter seguido uma linha menos próxima a uma reta.

Ademais, convém considerar que não apenas os corpos leves, mas também outros, mais pesados e mais maciços, podem juntar-se quando se encontram. Além disso, eles podem, [60] voltando com a água que envolve vários deles, compor bolas grossas, tais como vedes nos pontos K e L, nos quais algumas, como L, vão em direção a E, e outras, como K, vão em direção a B, conforme cada uma é mais ou menos sólida e composta de partes mais ou menos grossas e maciças.

A partir desse exemplo, é fácil compreender que em algum lugar, no início do universo, encontrem-se partes da matéria que não poderiam tomar a forma do segundo elemento, nem do primeiro. Dentre elas, as mais grossas e mais maciças tomaram seu curso em direção às circunferências exteriores dos céus que as continham, e depois passaram continuamente de um céu para outro, sem jamais parar, num grande intervalo de tempo num mesmo céu, ao passo que todas aquelas partes menos maciças foram, cada uma delas, empurradas em direção ao centro do céu que as continha pelo curso da matéria desse céu. Considerando ainda as figuras que atribuí à matéria do segundo elemento, elas foram, devido ao reencontro de uma com a outra, juntando-se – várias em um único reencontro – e compondo grossas bolas que giram nos céus e têm um movimento moderado em relação àquele que elas poderiam ter, caso estivessem separadas; de sorte que algumas se dirigem em direção à circunferência dos seus céus e outras em direção ao centro deles.

Sabeis que devemos tomar como planetas aquelas partes que se organizarão perto do centro do céu e como cometas aquelas que passam em diversos céus.

Ora, primeiramente no tocante aos cometas, convém observar que eles devem existir em menor quantidade nesse mundo novo, quando comparados ao número de céus. Pois, ainda que possa ter havido muitos deles no início, quase todos eles, com o decorrer do tempo, passaram por vários céus, chocando-se e quebrando-se um contra o outro, assim como ocorre, segundo minha opinião, com dois barcos após uma colisão: apenas o mais grosso permanece.

Deve-se observar também que, quando esses cometas passam de um céu a outro, sempre carregam em sua dianteira um pouco daquela matéria de onde saíram, permanecendo, algum tempo, envoltos por ela até antes – aliás, bem antes – do limite de um outro céu. Nesse momento e nessa região, elas se soltam do cometa num tempo talvez menor que aquele que o Sol leva para se levantar de manhã. Essa matéria se move muito mais lentamente quanto tende a sair de algum céu em que tenha acabado de entrar.

Tendo o cometa que faz o percurso seguindo a linha CDQR[1] já entrado muito antes dos limites do céu FG, quando ele está no ponto C, vedes que ele permanece ainda envolvido com a matéria do céu FI, de onde ele veio, e não pode livrar-se inteiramente dela antes que ele esteja perto do ponto D.

---

[1] Cf. figura 1 da página 65. (N. do T.)

Contudo, assim que o cometa chega ao ponto D, ele começa a seguir o curso do céu FG e, desse modo, começa a se mover muito mais rápido do que antes. Depois disso, ele continua seu curso, do ponto D para R. O seu movimento deve, mais uma vez, retardar-se – paulatinamente – à medida que se aproxima do ponto Q, tanto por causa da resistência do céu FGH, nos limites do qual ele começa a entrar, quanto pelo fato de que, havendo uma menor distância entre os céus S e D em relação ao céu entre S e Q, toda matéria contida entre os céus S e D se move mais rápido. Assim também vemos os rios sempre escorrerem mais rapidamente nos lugares em que seus leitos são mais estreitos e apertados do que nos lugares em que são muito largos e extensos.

Convém observar que o referido cometa deve aparecer para aqueles que habitam perto do centro do céu FG apenas no intervalo de tempo que ele despende para passar de D até Q. Entendereis de forma mais clara aquilo que falo aqui quando eu vos tiver dito o que é a luz. E, por esse mesmo raciocínio, conhecereis que o seu movimento deverá parecer muito mais rápido, o seu corpo muito maior e a sua luz muito mais clara no início dos tempos do que em relação ao seu fim. [63]

Além disso, se considerardes a luz que pode vir do cometa, que deve alastrar-se e distribuir-se para todos os lados do céu, podereis igualmente entender que, sendo essa luz muito grossa – como devemos supor –, podem aparecer certos raios em torno dos cometas, os quais se estendem na forma de uma cabeleira por todos os lados e às vezes se reúnem com a forma de uma causa, posta de um só lado do cometa, em conformidade com a diversidade de olhares que a percebem. Desse modo, não falta a esse cometa nenhuma particularidade, ao menos nenhuma daquelas que devem ser tomadas como verdadeiras, observadas até agora por aqueles que estão no mundo verdadeiro. Pois se algum historiador nos contar que a Lua crescente dos turcos foi eclipsada por um cometa que passou abaixo dela ou algo parecido no ano de 1450, ou ainda se os astrônomos, calculando mal a quantidade de refrações do céu (a qual eles ignoram) e a velocidade do movimento dos cometas (que é incerta), atribuírem aos cometas muitas paralaxes, de modo que eles possam ser colocados perto dos planetas (ou mesmo abaixo deles), e tentarem, por conseguinte, tirar à força outros cometas, então já não somos obrigados a acreditar neles.

DOS PLANETAS EM GERAL
e em particular da terra e da lua

HÁ VÁRIAS coisas a serem destacadas em relação aos planetas. [64] A primeira é que todos eles tendem a dirigir-se para o centro do céu que os contém. Contudo, não pretendo dizer que eles nunca vão até o centro do céu, embora os céus já estejam ocupados, como já disse, pelo Sol e pelas outras estrelas fixas. Mas, a fim de que vos faça entender – distintamente – em que lugar eles devem parar, vedes por exemplo aquele que é marcado por ♄,[1] que suponho seguir o curso da matéria do céu próxima a K; considerais ainda que esse planeta tem tão pouca força para continuar seu movimento em linha reta quanto têm as partes do segundo elemento, que o cercam; assim, no lugar de seguir sempre o círculo K, ela irá para a direção de Y e, desse modo, ele se afastará mais do centro S do que quando estava mais próximo dele. Depois, considerando que as partes do segundo elemento, as quais enviam o referido planeta para Y, movem-se mais rápido e são um pouco menores (ou ao menos não são mais grossas) do que aquelas que estão perto de K, elas lhe darão mais força para que possa passar para F, de sorte que aquele planeta irá até a circunferência desse céu sem poder parar em nenhum lugar que esteja entre ele e o centro do céu. Depois disso, ele passará facilmente por outro céu e, assim, no lugar de ser um planeta, tornar-se-á um cometa.

[1] Descartes utiliza alguns símbolos astronômicos: ♄, saturno; ♃, júpiter; ♂, marte; ♀, vênus; ☿, mercúrio; ☽, lua; ☌, conjunção e ⊤, quadratura. (N. do T.)

De onde vedes que não se pode parar nenhum astro em todo esse vasto espaço [delimitado pela região que se estende além do círculo K e findando na circunferência do céu FGGF, por onde os cometas tomam seus cursos]. Além disso, é fundamental que os planetas não tenham mais força para continuar o seu movimento retilíneo do que as partes do segundo elemento (que estão em K), quando essas últimas movem-se na mesma oscilação que conduz o planeta, posto que todos os corpos que oscilariam mais seriam os cometas.

Pensemos, então, que esse planeta ♄ tem menos força do que as partes do segundo elemento que o cercam, de modo que as partes que o seguem e que se situam um pouco mais abaixo dele podem fazer com que ele volte e, no lugar de seguir o círculo K, desça em direção ao planeta marcado ♄; uma vez lá estando, pode ocorrer ainda que ele se encontre tão forte quanto as partes do segundo elemento que o cercam. A razão para isso é que essas partes do segundo elemento, estando mais agitadas do que aquelas que estão próximas a K, agitarão aquele planeta ainda mais e, estando ele sobre as partes menores, elas não lhe poderão resistir; de sorte que, nesse caso, o planeta permanecerá equilibrado no meio dessas partes do segundo elemento e tomará o seu curso no mesmo sentido que elas fazem em torno do Sol, sem que ele se afaste delas na mesma proporção com que elas se afastem dele.

Entretanto, se esse planeta, estando perto de ♄ tem menos força para continuar o seu movimento retilíneo em relação à matéria do céu sobre a qual ele se encontra, ele será empurrado por ela mais para baixo, em direção ao planeta marcado ♂ e, em seguida, ele encontrar-se-á envolvido por uma matéria cuja força é proporcional à sua.

E assim vedes que podem existir diversos planetas, alguns mais, outros menos afastados do Sol (tal como estão aqui ♄. ♃. ♂. т. ♀. ☿, dentre os quais alguns são mais baixos e outros menos maciços), que podem chegar até a superfície do Sol, mas aqueles mais altos não passam jamais do círculo K. Ainda que esse círculo K seja muito grande quando comparado a cada planeta em particular, ele é, todavia, tão pequeno em relação a todo o céu FGGF que, como já disse, ele pode ser considerado como o seu centro.[2]

Caso eu ainda não vos tenha feito compreender plenamente a causa que pode fazer com que as partes do céu que estão além do círculo K, sendo incomparavelmente menores que os planetas, tenham sempre menos força do que eles para continuar o seu movimento retilíneo, considerais, então, que essa força não depende apenas da quantidade de matéria que está presente em cada corpo, mas depende também da extensão da sua superfície.[3] Pois ainda que seja verdadeiro dizer que, quando dois corpos movem-se igualmente rápido, se um deles contém duas vezes mais matéria que o outro, aquele que contém mais matéria é também duas vezes mais agitado, não se pode extrair disso que esse corpo tem duas vezes mais força que o outro para continuar seu movimento retilíneo; contudo, [67] ele terá justamente duas vezes mais força se sua superfície for duas vezes mais extensa, posto que ele encontrará sempre uma resistência duas vezes equivalente à sua força, ao passo

---

[2] A matéria celeste move a Terra de um lado para o outro, ou mais precisamente do oriente para o ocidente. A força centrípeta decorrente desse movimento cria um vórtice ou turbilhão que conduz a Lua a seguir o movimento da Terra. (N. do T.)

[3] Descartes sugere nessa passagem que o cálculo da força está relacionado com a superfície do objeto, sua figura, afastando-se assim da física clássica, para a qual a figura de um corpo não têm nenhum papel na determinação de sua força. O ímpeto de Descartes em geometrizar a natureza, enquadrá-la no modelo de figuras geométricas – previamente estabelecidas –, parece afastá-lo definitivamente da dinâmica e obrigá-lo a se refugiar numa física que transita entre a cinemática e a dinâmica, mas que não pertence, rigorosamente, a nenhuma delas. A física cartesiana se afastará da cinemática por não levar em consideração o vetor tempo, ao passo que, no tocante à dinâmica, ela tem dificuldade de definir o conceito de massa e permanece em silêncio no que diz respeito à aceleração, tornando impossível, por conseguinte, a determinação do cálculo da força. (N. do T.)

que ele sofrerá muito menos resistência se sua superfície for bem mais que duas vezes extensa.

Ora, sabeis que as partes do céu são quase todas redondas e que elas têm todas as figuras, as quais compreendem o máximo de matéria sob uma menor superfície, diferentemente dos planetas, que, sendo compostos de pequenas partes cuja figura é extremamente irregular e extensa, têm muito mais superfície que quantidade de matéria; de maneira que essas partes dos planetas podem ter mais matéria do que aquelas partes do céu e, todavia, podem ter também menos, quando comparadas com aquelas partes menores próximas ao centro do céu. Pois convém saber que entre duas bolas plenamente maciças (tal como são as partes do céu), a menor, em razão de sua quantidade, tem sempre mais superfície que a mais grossa.

Pode-se confirmar o que foi exposto nesse último parágrafo pela experiência, pois ao impulsionar-se uma bola grossa, composta de vários galhos de árvores, confusamente juntos e entrelaçados uns aos outros (assim como devemos imaginar serem as partes da matéria das quais os planetas são compostos), é certo que essa bola não poderá continuar o seu movimento até muito longe, quando ela for empurrada por uma outra bola muito menor, composta da mesma madeira e completamente maciça. Também é certo que ocorreria exatamente o contrário com uma outra força inteiramente proporcional à sua grossura, como seria uma outra bola menor, composta da mesma madeira e plenamente maciça, mas que fosse muito pequena, pois ela teria muito menos força para continuar o seu movimento em relação àquela primeira de que eu falava. Enfim, é certo que a primeira bola pode ter mais ou menos força para continuar o seu movimento, se os galhos que a compõem forem mais ou menos grossos e prensados.

A partir disso, vedes como os diversos planetas podem ser suspendidos dentro do círculo K, a diversas distâncias do Sol, e como não são simplesmente aqueles que aparecem exteriormente mais grossos que devem ser mais afastados, mas também aqueles que têm um interior mais sólido e mais maciço.

Após essas considerações, devemos observar que, ainda que os planetas sigam o curso da matéria do céu sem resistência (como experimentamos que os barcos que seguem o curso de um rio não se movem nunca mais rápido do que à água que os arrasta, nem mesmo os maiores barcos se movem mais rápido do que os menores) e movam-se na mesma oscilação que a matéria do céu, não se pode dizer que eles nunca se movam muito rápido, muito menos que a variação [69] do seu movimento deve ter alguma relação com aquela desigualdade que se encontra entre a grossura de sua massa e a pequenez das partes do céu que os cercam. A razão é que, em linhas gerais, quanto mais grosso é um corpo, mais lhe é fácil comunicar uma parte de seu movimento aos outros corpos, bem como é mais difícil aos outros corpos comunicar-lhe parte de seu movimento. Pois, ainda que vários pequenos corpos unidos (todos unidos para agirem contra um corpo mais grosso) possam ter tanta força quanto aquela do corpo grosso, esse conglomerado de corpos não pode jamais mover aquele corpo grosso velozmente e em todos os sentidos – como se movem aqueles pequenos, quando unidos –, posto que os corpos que compõem o referido conglomerado unem-se em alguns dos seus movimentos, os quais eles comunicam àquele corpo; entretanto, eles portam inevitavelmente também diferentes movimentos – no momento em que estão reunidos em um conglomerado –, não podendo, sem dúvida, comunicar todo o seu movimento de maneira uniforme.

Ora, disso se seguem duas coisas que me parecem bastante relevantes. A primeira é que a matéria do céu não deve apenas

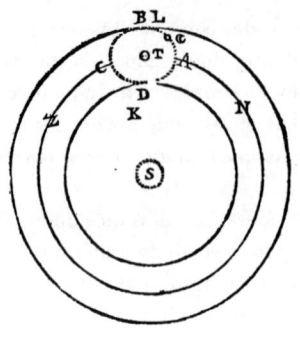

Fig. 4

constranger os planetas a girar em torno do Sol, mas também em torno de seu próprio centro (exceto se há alguma causa particular que os impeça de realizar o referido movimento). Em seguida, essa matéria deve compor pequenos céus em torno dos planetas, os quais se movem no mesmo sentido que o céu maior. A segunda coisa que gostaria de destacar é que, se o encontro de dois planetas desiguais em grossura mas cujos cursos no céu são realizados a uma distância igual do Sol (considerando ainda que um será mais maciço quando o outro [70] for mais grosso), o menor desses dois, tendo um movimento mais rápido que o mais grosso, deverá juntar-se ao pequeno céu que se encontra em torno desse planeta mais grosso e irá girar continuamente com ele.

Pois, uma vez que as partes do céu, que estão, por exemplo, próximas de A, movem-se mais rapidamente do que o planeta T e que elas empurram em direção a Z, é evidente que elas devem ser desviadas pelo planeta T e constrangidas a tomarem o curso em direção a B, ao invés de irem em direção a D, dado que essas partes da matéria, tendo inclinação a continuar o seu movimento retilíneo, devem ir para fora do círculo ACZN descrito por elas, ao invés de irem para o centro S. Ora, passando assim de A para B, as referidas partes da matéria obrigam o planeta T a girar – em conformidade com elas – em torno do seu próprio centro e esse planeta, girando dessa maneira, impele as partes do céu a tomarem o seu curso de B para C, depois para D e para A. Assim, essa parte da matéria forma um céu particular em torno do referido planeta. Em seguida, esse planeta deve – junto com o céu – continuar a se mover do ocidente para o oriente, não apenas no movimento que ele realiza em torno do Sol, mas também em torno do seu próprio centro.

Além disso, sabendo que o planeta marcado ☾ está disposto de maneira a tomar o seu curso seguindo o círculo NACZ (como o planeta T) e que ele deve mover-se mais rápido porque é menor do que o planeta T, é fácil entender que em algum lugar do céu (no qual ele possa ser encontrado no início da criação) ele deve ter ido, em pouco tempo, contra a superfície do pequeno céu ABCD e, estando uma vez junto a esse céu, deve sempre, em seguida, seguir o seu curso em torno de T, junto com as partes do segundo elemento que estão perto dessa superfície.[4]

Pois, supondo ainda que o planeta marcado ☾ tivesse justamente tanta força quanto a matéria do referido céu para seguir o círculo NACZ (caso outro planeta não estivesse no círculo), então é necessário pensar que ele teria um pouco mais de força para seguir o círculo ABCD, posto que esse círculo é menor e, por conseqüência, o planeta ☾ do centro T, assim como uma pedra sendo agitada num barbante tende sempre a afastar-se do círculo que ela descreve. Todavia, esse planeta, estando perto de A, não irá afastar-se de L, tanto é verdade que ele entrou num lugar do céu cuja matéria tem força de o repelir para NACZ. Do mesmo modo, estando perto de C, o planeta não irá descer para K, visto que ele se encontrará

---

[4] Em alguns momentos Descartes chama a Lua de planeta, mas sabemos que, segundo a nomenclatura atual, trata-se de um satélite natural. (N. do T.)

envolto de uma matéria que lhe daria a força de retornar para o mesmo círculo NACZ. O planeta não irá mais de B para Z, muito menos de D para N, posto que ele só poderia ir tão facilmente e tão rapidamente para C e A. Tanto é verdade que o planeta deve permanecer como se estivesse ligado à pequena superfície do céu ABCD, girando continuamente com essa superfície em torno de T. Isso é o que impede que não se forme um outro pequeno céu em torno desse planeta ☽ e que faz com que ele gire em torno do seu próprio centro.

Eu não tenciono aqui tratar de como se pode encontrar um grande número de planetas juntos e que tomam seus cursos um em torno do outro como ocorre com aqueles planetas que, segundo as observações dos novos astrônomos, giram em torno de Júpiter e de Saturno, pois não me propus a dizer tudo. Não falo particularmente desses dois planetas senão no intuito de representar a Terra, na qual habitamos e que é representada pelo ponto T, e a lua ☽ que gira em torno dela.[5]

---

[5] Considerando que Descartes rejeita a atração à distância, o modelo dos turbilhões comportará uma explicação da atração que a Terra exerce sobre os corpos que estão em sua superfície em função do peso da matéria do espaço que a cerca. À medida em que a matéria do céu gira mais rápido em torno da Terra do que a Terra em torno do seu próprio eixo, ela tende a sair e, conseqüentemente, a empurrar os corpos terrestres em direção à Terra. Assim, os corpos tendem ao centro da Terra em razão do peso que lhe exerce a matéria do céu, e não em razão da massa da Terra, como prescreve a física newtoniana. (N. do T.)

DO PESO

Desejo agora que considereis qual é o peso da Terra, isto é, a força que une todas as suas partes e que faz com que todas elas – umas de maneira mais acentuada que outras – tendam sempre para o seu centro, conforme são mais ou menos grossas e sólidas.[1] Esse peso não consiste em outra coisa senão em que as partes do pequeno céu que cercaram a Terra giram muito mais rápido do que as partes da Terra giram em torno de seu eixo, tendendo, com mais força, a afastar-se e, por conseqüência, a repelir as partes da Terra.[2] E caso encontreis alguma dificuldade no fato de que os corpos mais maciços e mais sólidos, tal como eu supus serem os cometas, caminham em direção à circunferência dos céus e que apenas aqueles menos maciços e menos sólidos seriam repelidos para os seus centros, deve-se seguir do que foi exposto que, se fossem as

[73]

---

[1] Descartes recusa a idéia de que um corpo possa agir sobre o outro sem tocá-lo direta ou indiretamente (mediante um outro corpo). Assim como a noção de peso está ligada à variação da força da gravidade – atração que um corpo exerce sobre outro sem necessariamente tocá-lo, dada pelo produto de suas massas e que é inversamente proporcional ao quadrado da distância que eles guardam um do outro –, Descartes permanecerá longe de uma compreensão do peso como a concebe a física clássica: produto da gravidade pela massa de um corpo. (N. do T.)

[2] A matéria do céu exerce uma certa pressão sobre os corpos situados na Terra, fazendo com que eles se dirijam para o centro da Terra. Descartes nega, portanto, a gravidade enquanto a ação que um corpo exerce sobre outro sem necessariamente tocá-lo. Assim, apenas o fato de que a matéria do céu se desprende das outras que cercam a Terra, devido à força da inércia ser maior que a força centrípeta e empurrar os corpos terrestres para o centro da Terra, seria suficiente para explicar a tendências dos corpos a se dirigirem para o centro da Terra. (N. do T.)

partes menos sólidas da Terra, elas deveriam ser impulsionadas para seu centro, ao passo que as outras partes deveriam se afastar do centro.[3] Observais que quando digo que os corpos mais sólidos e mais maciços tendem a se afastar do centro de algum céu, suponho que esses corpos se movimentam, e antes mesmo de oscilarem sobre a matéria desse céu. Pois é certo que, se eles não começaram a se mover ou se eles se movem providos de uma velocidade aquém daquela requisitada, então, para seguir o curso dessa matéria, eles devem, inicialmente, ser empurrados pela matéria do céu em direção ao centro, em função do qual a referida matéria gira. Do mesmo modo, é certo que, na medida em que essas partes forem mais grossas e mais sólidas, esse corpos serão impulsionados com mais força e mais velocidade. Todavia, isso não impede que eles tenham força e velocidade para compor os cometas. Nesse caso, eles caminhariam para perto das circunferências exteriores ao céu, na medida em que a agitação que eles teriam adquirido – ao descerem para qualquer um dos centros desse céu – lhes desse, indiscutivelmente, a força para delas passarem e depois retornar para elas.

A fim de que entendeis o que foi exposto mais claramente, observai a Terra EFGH, a água 1,2,3,4 e o ar 5,6,7,8, considerando que a água e o ar, como eu dizia há pouco, são compostos apenas de algumas das partes menos sólidas da Terra e formam com elas uma mesma massa. Depois, considerai a matéria do céu, que preenche não apenas todos os espaços compreendidos dentro do círculo ABCD e 5,6,7,8, mas também todos os intervalos entre as partes do ar, da água e da Terra. E pensais ainda que o céu e a Terra giram juntos em torno do centro T, de sorte que todas as partes que os

---

[3] A aceleração centrífuga, ocasionada pela Terra, separa as partes que a compõem: as partes mais maciças e mais sólidas se dirigem para fora do centro da Terra, ao passo que as mais leves se dirigem para o centro. (N. da T.)

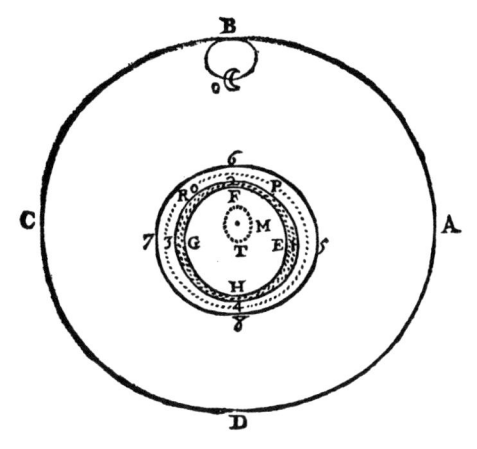

Fig. 5

compõe tendem se afastar de T, as do céu de maneira muito mais forte que as da Terra, dado que as partes do céu são muito mais agitadas, à exceção daquelas partes da Terra tão agitadas quanto as do céu e que vão na mesma direção dessas últimas, e assim tendem a se afastarem de T mais do que as demais partes da Terra. Assim, se todo o espaço além do círculo ABCD estava vazio, isto é, preenchido unicamente por uma matéria que não poderia resistir às ações de outros corpos nem produzir nenhum efeito considerável (deve-se tomar a palavra vazio como a expomos aqui), na medida em que saírem as partes primeiras de todas, as partes do céu, que estão no círculo ABCD, sairão depois as partes do ar e, em seguida, sairão aquelas da água e, enfim, as da Terra, cada uma tanto mais rapidamente quanto menos estiver ligada ao resto de sua massa; do mesmo modo, uma pedra, após sair de um barbante (por meio do qual ela é agitada), a poeira que ela jogava antes de sair do barbante afasta-se para todos os lados.

Considerai depois que não existe nenhum espaço vazio além do círculo ABCD, assim como não existe nenhum espaço vazio para o qual poderiam ir as partes contínuas do céu (contidas dentro do círculo ABCD), salvo quando no mesmo instante elas são substituídas por outras partes semelhantes a elas; as partes da Terra também não podem se afastar mais do [76] que as partes do céu do centro T, salvo quando essas partes do céu descem ocupando o lugar deixado pelas da Terra (ou de outras terrestres), tanto quanto for necessário para preencher os espaço deixados pelas referidas partes da Terra. As partes da Terra também não podem se aproximar do centro T, caso uma das partes do céu não entre no lugar deixado por elas. De sorte que essas partes são opostas umas às outras, cada uma àquela que deve entrar no seu lugar, no caso de sair dele – seja porque elas descem em direção a outro lugar ou porque elas sobem em direção a um outro. Assim como ocorre numa balança, em que a mudança de um lado implica alteração no outro, cada lado se equivale, isto é, um dos lados da balança não pode subir ou se abaixar se o outro não fizer, no mesmo instante, o movimento contrário. Além disso, o mais pesado sempre conduz o outro; a pedra R, por exemplo, é de certo modo oposta à quantidade de ar (a qual é justamente igual à sua grossura e está sobre ela, devendo ocupar seu lugar caso ela se afaste do centro T), que obriga que o ar desça para ocupar o seu lugar na medida em que ela subir. Do mesmo modo, caso ela se oponha a uma outra quantidade equivalente de ar, que esteja abaixo dela e que ocupe o seu lugar, aproximando-se do referido centro, é necessário que ela desça enquanto o ar suba.

Ora, é evidente que essa pedra, contendo em si muito mais matéria da Terra e sendo recompensada por ter muito [77] menos daquela do céu, do que uma quantidade de ar de igual extensão, além de ter suas partes terrestres muito menos agitadas pela matéria do céu do que por aquelas do ar, não deve ter força para subir, mas, pelo contrário, o ar deve fazê-la descer; de sorte que o ar torna-se leve quando comparado a ela, ao passo que, comparado com a matéria do céu – inteiramente pura –, ele é pesado. E assim vedes que cada parte dos corpos terrestres é prensada em direção a T, não indiferente a toda matéria que a cerca, mas apenas por uma quantidade dessa matéria – exatamente igual à sua grossura – que, estando sobre as partes dos corpos terrestres, pode tomar o seu lugar, no caso de elas descerem. Por isso é que, entre as partes de um mesmo corpo, que se nomeia homogêneo, bem como entre as partes do ar e da água, as mais baixas não são, notadamente, mais prensadas que as mais altas e que um homem, estando embaixo de uma água muito profunda, não a sente pesar sobre suas costas como ele a sentiria se nadasse sobre as águas.

Se vos parece, todavia, que a matéria do céu, fazendo a pedra R descer em direção a T e para baixo do ar que a cerca, deve fazê-la ir também em direção a 6 ou 7, isto é, em direção ao ocidente ou ao oriente – com uma velocidade maior do que aquela do ar. Por conseguinte, ela não desce em linha reta, ao passo que, no que concerne ao chumbo, assim como os outros corpos pesados presentes sobre a Terra verdadeira, considerais primeiramente que todas as partes terrestres compreendidas no círculo 5,6,7,8 estão prensadas em direção a T pela matéria do céu (como acabo de explicar) e, tendo figuras [78] muito irregulares e diversas, devem se juntar e se alinhar umas em relação às outras e assim compor uma única massa que é levada inteiramente pelo curso do céu ABCD; de tal sorte que, durante o seu movimento giratório, aquelas partes do chumbo que estão, por exemplo, perto de 6 permanecem sempre, em relação àquelas que estão perto de 2 (e perto de F), sem se afastar para lugar nenhum, salvo quando o vento ou outras causas particulares as constrangerem a ir para algum lugar.

Além disso, observai que o pequeno céu ABCD gira muito mais rápido do que a Terra, contudo aquelas suas partes que estão engajadas nos poros dos corpos terrestres não podem girar, notadamente, mais rápido do que esses corpos giram em torno do centro T, ainda que elas se movam muito mais rápido, em diversos outros sentidos, segundo a disposição dos seus poros.

Depois, sabei que, embora a matéria do céu aproxime a pedra R do centro T, dado que ela tende, com muito mais força do que a pedra, a se afastar dele, ela não deve, do mesmo modo, constranger aquela pedra a recuar em direção ao ocidente, ainda que ela tenda com muito mais força do que a pedra a ir para o oriente. Considerai ainda que essa matéria do céu tende a se afastar do centro T, porque ela tende a continuar seu movimento em linha reta, ao passo que ela não tende ir do ocidente para o oriente, posto que ela simplesmente tende a continuar com a mesma velocidade. Desse modo, é indiferente encontrá-la perto de 6 ou de 7.

[79] Ora, é evidente que essa parte do céu move-se um pouco mais em linha reta, durante o tempo que ela faz com que a pedra R desça em direção a T, e essa mesma parte do céu não poderá deixar a referida pedra perto de R. Ademais, se ela fizesse a pedra recuar para o ocidente, ela não poderia mover-se tão rapidamente para o oriente, salve nos casos em que ela deixar a pedra em seu lugar ou se ela a empurrar para diante de si.

Todavia, sabeis que, embora essa matéria do céu tenha mais força para fazer a pedra R descer em direção a T do que para fazer descer o ar que envolve a pedra, ela não deve ter mais força para empurrá-la para frente dela, do ocidente para o oriente, nem, por conseqüência, para fazê-la mover-se mais rápido que o ar, como acabamos de mostrar. Considereis que, existindo tanta matéria no céu (que age contra a pedra para fazê-la descer em direção a T e que lhe imprime toda a força existente entre as partes da Terra que concorrem para a composição do seu corpo) quanto uma quantidade de ar de semelhante extensão, a referida pedra deve ser pressionada com muito mais força em direção a T. Entretanto, não é esse ar que faz girar a pedra em direção ao oriente, mas sim toda a matéria do céu, contida no círculo R, que age contra ela e conjuntamente contra todas as partes terrestres do ar, contidas no mesmo círculo. De sorte que, se não há nada que aja mais contra as partes do ar terrestres que contra a pedra, ela não deve girar mais rápido que o ar no sentido aventado acima.

Podeis agora entender porque as razões das quais se servem vários filósofos para refutar o movimento da Terra verdadeira não têm força diante do argumento que acabo de descrever.[4] Eles diziam que, se a Terra se move, os corpos pesados não deveriam descer em direção ao centro da Terra, mas se afastar dele em direção ao céu. Além disso, os canais apontados para o ocidente deveriam conduzir os corpos para muito mais longe do que se eles estivessem apontados para o oriente. Além disso, apenas se deveria sentir esses corpos no ar dos grandes ventos, ouvir grandes barulhos e outras coisas parecidas (através dos quais eles podem ser escutados e sentidos), quando se supõe que a Terra não seria conduzida pelo curso do céu que a cerca, sendo movida por qualquer outra força e num outro sentido em relação àquele em que se move o céu.

---

[4] Será justamente essa defesa da teoria heliocêntrica (amplamente condenada pela Igreja) que constrangerá Descartes a não publicar *O Mundo*, ainda mais porque ele sabia da perseguição da inquisição a Galileu. Difícil não perceber na mudança na definição do movimento nos *Princípios da Filosofia* como uma tentativa de adequação de sua teoria aos preceitos da Igreja. (N. do T.)

DO FLUXO E DO REFLUXO DO MAR

ORA, após ter explicado o peso das partes da Terra, que é conseqüência da ação da matéria do céu que preenche seus poros, é necessário agora que eu fale de um certo movimento de toda a massa da Terra, que é causado pela presença da Lua, bem como de outras particularidades que pertencem a ela.

Para isso, considerai a Lua, por exemplo, em volta de B,[1] onde ela está, supostamente, imóvel em relação à velocidade com que se move a matéria do céu que se encontra abaixo dela. Além disso, considerai que essa matéria do céu tem menos espaço entre O e 6 para poder sair do que ela teria entre B e 6, se a Lua não ocupasse o espaço que está compreendido entre O e B. Por conseqüência, essa matéria, tendo de se mover um pouco mais rápido, não pode deixar de ter força para empurrar, ainda que um pouco, a Terra em direção a D, de sorte que o centro T se afasta, como vedes, um pouco do ponto M, o qual está no centro do pequeno céu ABCD; pois não existe nada além do curso da matéria desse céu que sustente a Terra onde ela está. E posto que o ar 5,6,7,8 e a água 1,2,3,4, que cercam essa Terra, são corpos líquidos, é evidente que a mesma força que pressiona a Terra pressiona aqueles corpos líquidos, os quais devem descer também em direção a T, não apenas pelo lado 6,2, mas também pelo lado 8,4 (seu oposto) e, em compensação, os faz subir também para os lugares 5,1 e 7,3; de sorte que a superfície da Terra EFGH permanece redonda, porque ela é dura, ao passo que as partes da água

---

[1] Essa passagem se refere à figura 2 da página 74. Ela será retomada em outras explicações até a página 101. (N. do T.)

1,2,3,4 e do ar 5,6,7,8, as quais compõem os corpos líquidos, devem adquirir a forma oval.

Depois considerai que a Terra gira em torno do seu centro e, por isso, compõe os dias, que podem, como os nossos, ser divididos em 24 horas; observeis, contudo, que, quando for dia no lado F, que está na figura citada de frente para a Lua e graças ao qual a água 2 está menos alta, deve-se marcar 6 horas face ao céu C, onde essa água estará mais alta, assim como se deve marcar 12 horas em relação ao lugar do céu D, onde a água estará, logo em seguida, mais baixa. De sorte que o mar, que é representado por essa água 1,2,3,4, deve ter o seu fluxo e o seu refluxo em torno da Terra de seis em seis horas, como ocorre com o refluxo e fluxo das marés do planeta em que habitamos.

Considerai também que, durante o movimento da Terra de E para F em direção a G, isto é, do ocidente para o oriente (ao meio-dia), o aumento da água e do ar (quando esse último permanece próximo de 1 e 5, e de 3 e 7) passa da parte oriental da Terra para a sua parte ocidental, fazendo um fluxo sem refluxo, tal como aquele que ocorre em nossas marés, segundo o relatório dos nossos comandantes, e torna a navegação muito mais fácil do oriente para o ocidente do que no sentido contrário.

Para não esquecer nada do que pretendo falar sobre o fluxo e o refluxo, devemos considerar ainda que a Lua faz a cada mês a mesma volta que a Terra faz em cada dia e, assim, ela faz os pontos 1,2,3,4 (que marcam as mais altas e as mais baixas marés) avançarem, pouco a pouco, em direção ao oriente, de sorte que essas marés mudam apenas de seis em seis horas; elas sofrem, todavia, um retardo de cerca de 12 minutos cada vez que completam o referido ciclo, assim como ocorre com as marés de nosso mar.

Além disso, considerai que o pequeno céu ABCD não é exatamente redondo e estende-se, com um pouco, de liberdade em direção a A e a C, na medida em que se move mais lentamente em direção a B e a D, onde ele não pode interromper facilmente o curso da matéria do outro céu que o contém; de sorte que a Lua, que permanece sempre ligada à sua superfície exterior, deve mover-se um pouco mais rápido, afastar-se menos de sua rota e, em seguida, ser a causa do fato de que os fluxos e refluxos do mar sejam muito maiores quando ela está perto de B (onde ela está cheia) e perto de D (onde está nova) do que quando ela está perto de A e C (onde ela está semi-plena). São esses fenômenos que os astrônomos também observam na Lua verdadeira, ainda que eles não forneçam razões para o uso de suas hipóteses.

Para os outros efeitos dessa lua, que são diferentes quando ela é cheia e quando ela é nova, eles dependem agora da luz. E no que diz respeito às outras particularidades do fluxo e do refluxo, elas dependem, em parte, da direção para a qual caminha a maré e, em parte, dos ventos que podemos constatar em nossas observações. Enfim, no que concerne aos outros movimentos gerais (da Terra, da Lua, de outros astros e do céu), ou podereis entendê-los suficientemente a partir do que disse ou eles não servem para o meu objeto de análise. E caso eles escapem daquilo que falei, não despenderia minha pena para os descrever. Tanto é verdade que não me resta aqui outra coisa senão explicar essa ação dos céus e dos astros que tomo como a luz.

DA LUZ

Eu já disse várias vezes que os corpos que giram em círculos tendem sempre a se afastar dos centros dos círculos que eles descrevem; contudo, é necessário que eu determine aqui, mais precisamente, para qual lado tendem as partes da matéria de que os céus e os astros são compostos.

Para isso é necessário saber que, quando digo que um corpo tende para algum lado, não quero dizer que ele detém em si mesmo um pensamento ou uma vontade própria, mas apenas que ele está disposto a se mover para aquele lado; seja pelo fato de ele verdadeiramente se mover nessa direção, seja pelo fato de algum corpo impeli-lo a se mover para outra. E é principalmente neste último caso que me sirvo da palavra *tender*, dado que ela parece significar algum esforço e todo esforço pressupõe a resistência.[1] Ora, se se acham freqüentemente diversas causas que agem conjuntamente contra um mesmo corpo, uma impedindo o efeito da outra, pode-se, segundo diversas considerações, dizer que um mesmo corpo tende para diversos lados num mesmo tempo. Assim como venho dizendo à exaustão que as partes da Terra tendem a se afastar de seu centro, ao passo que, quando essas partes são tomadas isoladamente, elas tendem — devido às forças [85] das partes do céu que a pressionam — a se aproximar desse

---

[1] O verbo *tender* não designa uma ação natural — *impetus* — que constrange um corpo a se movimentar, mas ele transcreve o princípio da conservação do estado do corpo — seja de repouso, seja de movimento — em razão do qual se sabe que, se nenhuma força age sobre um corpo ou se a resultante das forças que agem sobre ele é nula, ele conserva o seu estado. Assim, o termo *tender* designa uma inclinação decorrente da ausência de um impedimento qualquer que permite que o corpo conserve o seu estado. (N. do T.)

centro; em seguida, elas tendem a se afastar, se se considerar como opostas às partes do céu aquelas partes da Terra que compõem os copos mais maciços.

Assim, por exemplo, a pedra que gira num barbante seguindo o círculo AB[2] tende a ir em direção a C quando ela está no ponto A, caso não se considere outra coisa senão a sua agitação. Ela tende circularmente de A para B, caso se considere seu movimento regrado e determinado pelo cumprimento da corda. Enfim, sem se considerar a proporção de sua a agitação, cujo efeito é contrário à resistência que faz continuamente o barbante, ela tenderia a ir em direção a E.

Para entender distintamente esse último ponto, imaginai a inclinação dessa pedra para se mover de A para C, como se fosse composta de duas outras – uma que seguisse o círculo AB e outra que subisse em linha reta seguindo a linha VXY –, em tal proporção que a pedra que se encontrar à direita do barbante (ponto V), quando ele está à direita do círculo (ponto A), deveria encontrar-se próxima ao ponto X. Quando o barbante estiver perto de B e à direita do ponto Y, a pedra estaria perto de F, e assim a pedra permanece sempre na linha reta ACG. Depois, sabendo que uma das partes de sua inclinação, aquela que a leva a seguir o círculo AB, não sofre absolutamente nenhum impedimento ocasionado pela resistência do barbante, então vedes facilmente que a pedra não encontra resistência senão de outra parte, a saber, aquela que lhe fará se mover – caso ela não sofra nenhum impedimento – seguindo a linha DVXY. Por conseqüência, a pedra tende (isto é, ela faz esforço) a se afastar diretamente do ponto D. Além disso, observai que, segundo essa consideração, a pedra tende tão verdadeiramente para E que ela está menos disposta a se mover na direção de H do que na direção de I, ainda que se possa eventualmente se persuadir do contrário, isto é, caso não se leve em consideração a diferença que há

---

[2] Cf. figura em AT, xi, 46. (N. do T.)

entre o movimento que ela já possui e a inclinação para se mover que lhe resta.

Ora, deveis pensar que cada uma das partes do segundo elemento que compõem os céus, assim como aquela pedra que está próxima, por exemplo, de E, tende, por sua própria inclinação, a ir unicamente em direção a P, mas a resistência das outras partes do céu, que estão sobre elas, as fará tender, isto é, as disporá a se mover seguindo o círculo ER. Em seguida, essa resistência – oposta à inclinação que elas têm de continuar seu movimento retilíneo – as fará tender, ou ainda, será a causa do seu esforço para se mover em direção a M. Assim, julgando todas as partes do céu de um mesmo modo, vedes em que sentido pode-se dizer que elas tendem para os lugares que são diretamente opostos ao centro do Sol, o qual elas compõem.

O que há ainda para se considerar relativo às partes do segundo elemento, e que escapa ao exemplo da pedra amarrada a um barbante, é que elas são continuamente empurradas, tanto por aquelas partes que são parecidas com elas e que estão entre elas e os astros (os quais ocupam o centro do céu) quanto pela matéria desse astro. Contudo, deve-se ressaltar que elas não são empurradas por outros corpos. [87]

Por exemplo, aquelas partes do segundo elemento que estão perto de E não são empurradas por aquelas que estão perto de M, ou perto de T, ou perto de R, ou perto de K, ou perto de H, mas apenas são empurradas por todas aquelas que estão entre as duas linhas AF, DG, bem como pela matéria do Sol. É por isso que elas tendem não apenas em direção a M, mas também em direção a L e a N; geralmente, tendem para todos os pontos a que podem chegar os raios, ou as linhas retas, que, vindo de alguma parte do Sol, passam pelo lugar onde estão as partes do segundo elemento. [88]

No intuito de tornar a explicação disso tudo mais fácil, desejo que considereis as partes do segundo elemento isola-

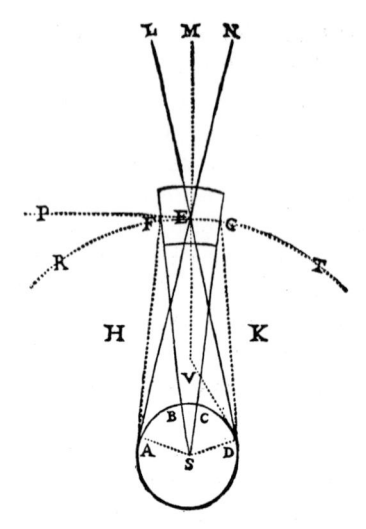

Fig. 6

damente, como se todos os espaços que são ocupados pela matéria do primeiro elemento (tanto aquele onde está o Sol quanto os outros) estivessem vazios. Ora, não há modo melhor para saber se um corpo é empurrado por outros corpos do que ver se esses outros avançam para preencher o lugar vazio deixado por ele. Desejo também que imagineis que as partes do segundo elemento que estão perto de E são retiradas na medida em que outras são postas em seu lugar, e que observeis primeiramente que nenhuma daquelas partes que estão sobre o círculo TER, bem como perto de M, estão dispostas a preencher o lugar deixado pelas partes do segundo elemento; tanto é verdade que, pelo contrário, elas tendem a se afastar. Depois também as partes que estão nesse círculo, a saber, perto de T, que também não estão dispostas, pois ainda que elas se movam de T para G, seguindo o curso do céu (considerando que as partes próximas a F movem-se com velocidade semelhante em direção a R), o espaço E, necessário para imaginar que seja movido como elas, permanece vazio entre G e F, se não viesse matéria de outras partes para o preencher. Em terceiro lugar, aquelas partes que estão abaixo daquele círculo, mas que não estão compreendidas entre as linhas AF, DG, assim próximas de H como próximas a K, não tendem, de modo algum, a avançar sobre o espaço E para preenchê-lo, ainda que a inclinação que elas tenham para se afastar do ponto S as disponha de um modo a preencher aquele referido espaço – assim como o peso de uma pedra a dispõe não apenas a descer retilineamente no ar livre, mas também a rolar de um penhasco de uma montanha, caso ela não possa descer de outro modo.

Ora, a razão que impede que aquelas partes tendam em direção a esse espaço é que todo o movimento continua, tanto quanto possível, em linha reta. Por conseqüência, como na natureza há vários caminhos que chegam ao mesmo efeito, ela segue, infalivelmente, o mais curto, pois se as partes do segundo elemento, que estão, por exemplo, perto de K, avançassem também no mesmo instante em direção ao lugar que elas deixaram, então o efeito de seu movimento não seria outro senão que o espaço E se preencheria e não existiria um outro de igual grandeza na circunferência ABCD que se tornasse vazio concomitantemente.[3] É muito manifesto todavia que esse mesmo efeito pode muito bem ocorrer, se aquelas partes que estão entre as linhas AF, DG, avançarem em linha reta em direção a E (quando não há nada que as impeça de realizar esse avanço) e, por conseqüência, as outras não tenderem a preencher esse espaço. Do mesmo modo que uma pedra não tende jamais a descer obliquamente em direção ao centro da Terra enquanto puder descer em linha reta.

---

[3] Descartes pressupõe que a natureza segue o caminho mais simples para realizar suas mudanças. Esse pressuposto decorre da necessidade metodológica de simplificar a rede conceitual da ciência, promovendo o princípio da parcimônia como critério para a solidificação de uma teoria científica e evitando, por conseguinte, uma teoria inflacionada e confusa. (N. do T.)

Enfim, considerai que todas as partes do segundo elemento, que estão entre as linhas AF, DG, devem avançar conjuntamente em direção ao espaço E para preenchê-lo no mesmo instante em que esse encontrar-se vazio. Pois ainda que não haja nelas apenas a inclinação para se afastarem do ponto S, que as conduz, e que essa inclinação faça com que aquelas partes do segundo elemento que estão entre as linhas BF, CG, tendam mais diretamente para aquele espaço E que as partes que restam entre as linhas AF, BF e DG, CG, vereis que aquelas partes que restam entre as linhas AF, BF e DG, CG não deixam de estar dispostas, com as outras, a ir na direção daquele centro, caso considereis o efeito que deve seguir do seu movimento, o qual não é outro senão, como acabei de dizer, que o espaço E preenche-se e que não há outro de uma igual grandeza na circunferência ABCD que se torne vazio concomitantemente. Pois, para que a mudança de situação das partes do segundo elemento, as quais permanecem na linha AF, BF e DG, CG, aconteça nos outros lugares que elas preenchiam antes e que permanecem depois plenos, não se deve considerar outra coisa senão as partes que a substituem devem ser supostamente tão iguais e parecidas umas [91] com as outras, em todos os aspectos, que não importa com quais partes cada um desses lugares será preenchido. Não obstante, observai que não se deve concluir do que foi exposto que as referidas partes são todas iguais, uma vez que o movimento não pertence à ação da qual falamos, posto que elas têm movimentos desiguais.

Ora, não há um modo mais breve para fazer com que uma parte do espaço E preencha (por exemplo, aquela que está perto do ponto D, que se torna vazia), senão se todas as partes da matéria, as quais se encontram na linha reta DG ou DE, avancem juntas para E, pois se existem apenas aquelas partes que estão entre as linhas BF, CG, as quais avançam primeiro para esse espaço E, elas deixaram um outro lugar vazio abaixo

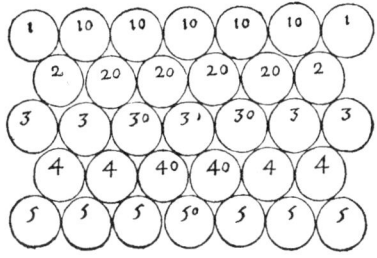

Fig. 7

delas, próximo a V, para o qual deveriam vir aquelas partes que estão perto de D; de sorte que o mesmo efeito que pode ser produzido pelo movimento da matéria que está nas linhas retas DG ou DE seria produzido pelo movimento daquela que está na linha curva DVE, o que é contrário às leis da natureza.[4]

Mas, caso acheis aqui qualquer dificuldade para compreender o que digo, isto é, como as partes do segundo elemento, que estão entre as linhas AF, DG, podem avançar todas juntas em direção a E – dado que, não existindo mais distância entre A e D do que entre F e G, o espaço onde elas deveriam entrar é mais estreito do que aquele por onde elas devem sair –, considerai, então, que a ação pela qual elas tendem a se afastar do centro de céu do espaço E não as obriga a tocar as suas vizinhas, que estão numa distância semelhante a elas em relação ao centro daquele céu. Elas tocam somente aquelas outras partes que estão num grau maior de afastamento. [92]

---

[4] Embora a consistência interna da rede de proposições científicas cartesianas apresente lacunas, como mais tarde se verá na análise dos fenômenos magnéticos, os quais estão submetidos apenas em parte às leis da natureza (*Princípios da Filosofia*, parte III / AT, VII, nota do tradutor), há um esforço irrestrito do pensamento cartesiano (como vemos nessa passagem) de asseverar a harmonia e coerência entre as leis fundamentais da física e as proposições empíricas derivadas delas. (N. do T.)

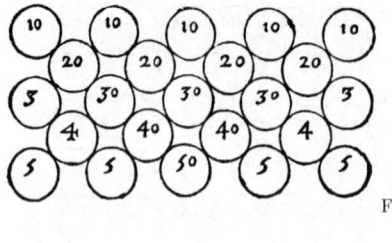

Fig. 8

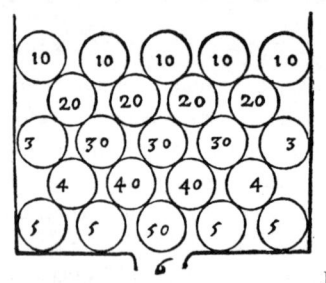

Fig. 9

Assim como o peso das pequenas bolas 1,2,3,4,5 não obriga que as marcadas pelos mesmos números se toquem, mas apenas obriga que aquelas que estão marcadas pelos números 1 ou 10 se apóiem naquelas que estão marcadas sobre 2 ou 20, e essas últimas apóiam-se sobre aquelas marcadas pelos números 3 ou 30 e assim sucessivamente; de sorte que essas pequenas bolas podem muito bem não ser arranjadas como vedes na sétima figura, mas também podem estar arranjadas como na oitava figura e de mil outras maneiras.

Considerai depois que essas partes do segundo elemento se removem separadamente umas das outras, assim como disse acima, não podendo jamais ser arranjadas como as bolas da sétima figura; há apenas uma só forma na qual a dificuldade proposta pode ocorrer.

Pois não saberia supor tão poucos intervalos entre aquelas partes do segundo elemento, que têm uma distância semelhante em relação ao Sol, se não fosse suficiente que as inclinações que elas possuem de se afastar desse centro devessem fazer avançar aquelas que estão entre as linhas AF, DG (todas juntas) em direção ao espaço E, quando o referido espaço estiver vazio – tal como vedes na nona figura (que se reporta à décima), em que o peso das bolas 40, 30 e etc. deve fazer [94] com que as partes do segundo elemento desçam todas juntas para o espaço que ocupa aquela parte marcada pelo ponto 50, logo após sua saída.

Pode-se perceber claramente aqui como aquelas bolas marcadas pelos mesmos números se arrumam num espaço mais estreito do que aquele de onde elas saíram, aproximando-se umas das outras. Pode-se também perceber que as duas bolas com o número 40 devem descer um pouco mais rápido – na medida em que se aproximam uma da outra – em relação às três bolas de número 30, em relação às três bolas marcadas pelo ponto 20 e etc.

A partir do que foi dito, talvez possais dizer que, como parece na décima figura, as duas bolas 40, 40, após terem decido um pouco, venham a entrechocar-se (talvez essa seja a causa para pararem e não descerem mais baixo), do mesmo modo que as partes do segundo elemento, que devem avançar [95] em direção a E e parar antes de terem acabado de preencher todo o espaço que havíamos suposto.[5]

Respondo a isso que as partes do segundo elemento tão pouco podem avançar até lá, senão para provar perfeitamente o que digo: todo o espaço que existe, estando pleno de algum corpo (qualquer que seja ele), as partes do segundo elemento empurram continuamente esse corpo e fazem esforços contra

---

[5] Devido ao equilíbrio instável sobre o qual está assentada a disposição da matéria do segundo elemento é que as partículas da luz podem avançar do Sol para a Terra sem sofrer uma grande resistência e desvios por demais acentuados. (N. do T.)

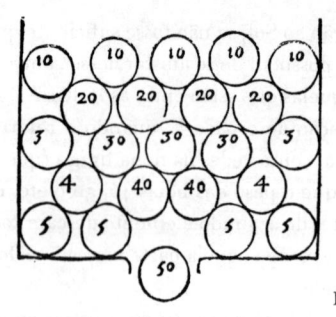

Fig. 10

ele, como se agissem no intuito de jogá-lo para fora do seu lugar.

Respondo também que os outros movimentos das partes do segundo elemento, que continuam presentes nelas durante o momento em que elas avançam em direção a E, não lhes permitem estar, um único momento, arranjadas de um mesmo modo, impedindo-as de se entrechocarem ou então fazendo com que, após seu choque, separem-se logo em seguida; e assim não permitem, por esse motivo, avançar — sem interrupção — para o espaço E até o momento em que o espaço esteja completamente preenchido. De sorte que podemos apenas concluir disso que a força com que essas partes do segundo elemento tendem para E é, de um certo modo, variável e aumenta ou diminui a cada diverso e pequeno tremor, conforme os quais mudam de situação, o que me parece ser uma propriedade conveniente à luz.

Ora, se entenderdes tudo isso suficientemente, supondo os espaço E e S e todos aqueles pequenos ângulos que estão entre as partes do céu como vazios, entendereis ainda melhor, acredito, supondo-os preenchidos pela matéria do primeiro elemento, que se encontra no espaço E mas que não pode impedir que aquelas do segundo elemento, que estão entre as linhas AF, DG, não avancem para o preencher, do mesmo

Fig. 11

modo que se ele estivesse vazio (dado que, sendo essas partes do segundo elemento extremamente sutis e extremamente agitadas e que elas estariam sempre dispostas a ser empurradas para sair do lugar onde estavam) pode ser que nenhum outro corpo entre no seu lugar. Por essa mesma razão, aquelas partes que ocupam os pequenos ângulos, que estão entre as partes do céu, cedem o seu lugar sem resistência àquelas que vêm do espaço E e que vão para o ponto S. Digo em direção a S em detrimento de outra direção, porque os outros corpos, sendo mais unidos e mais grossos, têm mais força e tendem a se afastar.

Convém observar que há aquelas partes que passam de E para S (entre as partes do segundo elemento) e que vão de S a E sem interromperem umas às outras, assim como ocorre com o ar que está contido num relógio XYZ: ele sobe de Z para X através da areia Y, a qual não deixa, por conta disso, de descer em direção à Z. Enfim, as partes desse primeiro elemento, que se encontram no espaço ABCD (no qual compõem o Sol e giram rapidamente em torno do ponto S), tendem a se afastar para todos os lados — em linha reta — segundo aquilo que acabei de explicar; e desse mesmo modo todas aquelas partes do primeiro elemento que estão na linha SD empurram, con- [97] juntamente, a parte do segundo elemento que está no ponto D. Todas aquelas que estão na linha SA empurram aquelas que estão no ponto A e assim sucessivamente. De tal sorte que isso será suficiente para fazer com que todas aquelas partes do segundo elemento, que estão entre as linhas AF, DG, avancem em direção ao espaço E, ainda que elas não tenham inclinação intrínseca a elas mesmas para realizar esse movimento.

De resto, depois que as partes do segundo elemento avançarem para esse espaço E, quando ele for ocupado apenas pela matéria do primeiro elemento, é certo que elas tendem a continuar a avançar, ainda que o espaço E esteja preenchido por qualquer outro corpo, por conseqüência elas empurram e fazem esforço contra esse outro corpo para retirá-lo do espaço E. De sorte que, se fosse o olho de um homem que estivesse no ponto E, ele seria empurrado – atualmente – tanto pelo Sol quanto por toda a matéria do céu que está entre as linhas AF, DG.

Ora, é importante saber que os homens desse mundo novo serão de tal natureza que, quando os seus olhos forem pressionados da forma como ocorre com as partes daquele espaço que acima expliquei, eles terão um sentimento muito parecido com aquele que temos da luz, sobre o que falarei, logo em seguida, de forma mais abrangente.

DAS PROPRIEDADES DA LUZ |115

Quero fazer uma pequena pausa para explicar as propriedades da ação em função da qual nossos olhos podem ser incitados. Pois elas reportam-se tão perfeitamente àquelas que nós observamos na luz que, depois de a terdes considerado, confessareis — estou certo — que não é necessário imaginar nem nos astros nem nos céus outra qualidade senão essa ação, que é chamada pelo nome de luz. [98]

As principais propriedades da luz são: 1. Ela se estende circularmente para todos os lados em torno dos corpos que ilumina. 2. Ela se estende a toda sorte de distância. 3. Ela se estende num instante. 4. Normalmente se estende em linhas retas, as quais devem ser tomadas como os seus raios. 5. Vários desses raios, advindos de diversos pontos, podem se reunir em um mesmo ponto. 6. Ou, advindos de um mesmo ponto, podem se dirigir a diversos pontos. 7. Ou ainda, vindo de diversos pontos e indo em direção a vários pontos, podem passar por um mesmo ponto sem impedirem uns aos outros. 8. Eles podem, algumas vezes, impedir uns aos outros, a saber, quando a força deles é muito desigual, sendo a força de um deles muito maior que de outros. 9. Enfim, esses raios podem retornar ou por reflexão. 10. Ou por refração. 11. A sua força pode ser ou aumentada. 12. Ou diminuída pelas diversas disposições ou qualidades da matéria às quais esses raios se submetem. Eis aqui as principais qualidades da luz, as quais convêm a todas aquelas ações que pretendo agora vos fazer ver.

1. Por que essa ação deve se estender de todos os lados em torno do corpo luminoso, a razão é evidente: é do movi- [99]

mento das partes que compõem a luz que procede a sua forma circular.[1]

2. É evidente também que a luz pode se estender a toda sorte de distância. Pois, por exemplo, supondo que as partes do céu, que se encontram entre AF e DG, já estão dispostas a avançar em direção E (como nós dissemos que estavam), não se pode duvidar que a força, mediante a qual o Sol impulsiona aquelas que estão perto de ABCD, não deve estender-se também até aquelas partes que estão em E, ainda que não houvesse uma distância maior de umas em relação às outras senão aquela que há entre as mais altas estrelas do firmamento e nós.

3. Sabendo que as partes do segundo elemento, que estão entre AF e DG, tocam-se e pressionam-se todas umas às outras — tanto quanto for possível —, não se pode duvidar também que a ação mediante a qual são empurradas as partes, da primeira até a última, não deve passar de um instante; do mesmo modo como ocorre com aquela que se empurra, em um instante, de um extremo de um cano até o outro dele.[2] Ou melhor, a fim de que não permaneça nenhuma dificuldade no que diz respeito a essas partes não serem ligadas umas às

---

[1] O argumento cartesiano evocado nessa passagem parece ser circular: os raios estendem-se circularmente porque suas partes se movem circularmente. (N. do T.)

[2] O conceito de *instante* é extremamente problemático, visto que ele designa uma fração de tempo que oscila entre zero e um valor próximo a zero, mas que não pode ser expresso em termos de valores numéricos, isto é, o instante seria um limite entre o tempo e sua negação. Esse conceito acarreta também uma difícil discussão metafísica relativa à ontologia do instante. Não obstante as dificuldades físicas e metafísicas implícitas no conceito de instante, Descartes tenta mostrar por diversas figuras que a saída de uma bola num recipiente repleto de várias outras descreve a ação imediata da luz, cujas partículas (bolas) sucedem umas às outras — de forma imediata — em direção à saída do recipiente. Esse exemplo cartesiano agrava o problema, pois Descartes não pressupõe uma situação ideal, na qual as bolas estariam isoladas de variáveis que tornam impossível o movimento instantâneo, como a força do atrito, por exemplo. (N. do T.)

Fig. 12

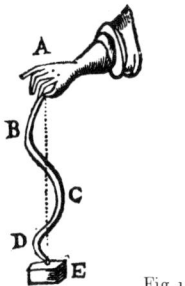

outras, assim como ocorre com aquelas contidas em um cano, observai o exemplo da nona figura, na qual a pequena bola 50 desce para o ponto 6 e as outras marcadas pelo ponto 10 descem também para o ponto 6 num mesmo instante.

4. Quanto àquilo que está nas linhas que comunicam [100] essa ação e que são propriamente os raios de luz, convém observar que elas diferem das partes do segundo elemento, por meio das quais essa mesma ação é comunicada, e que elas não são nada de material no meio por onde elas passam.[3] Com efeito, elas apenas indicam em que sentido e segundo qual determinação o corpo luminoso age sobre aquele que é iluminado. Assim, não se deve deixar de conceber esses raios como exatamente retilíneos; ainda que as partes do segundo elemento (que servem à transmissão dessa ação ou da luz) não possam quase nunca estar tão diretamente postas umas sobre as outras, elas compõem linhas absolutamente retas.

Do mesmo modo, podeis facilmente conceber que a mão marcada pelo ponto A impulsiona o corpo E seguindo a linha

---

[3] Essa passagem pode sugerir a falsa idéia de que a luz não é material para Descartes, incompatível com a redução da natureza à *res extensa*, empreendida por ele em diversos momentos de sua obra e inclusive no próprio *Mundo*. Entretanto, ele pretende dizer que a resistência que o segundo elemento (que compõe o céu) oferece à luz é praticamente nula. (N. do T.)

Fig. 13

reta AE, ainda que ela o impulsione por meio do bastão BCD, que é torto.

Isso também ocorre no exemplo da bola 1 que empurra a bola 7 por meio das bolas 5,5, bem como por meio das outras 2,3,4,6.[4]

5-6. Podeis facilmente compreender como vários desses raios, vindos de diversos pontos, reúnem-se num mesmo ponto; ou ainda que, advindos de um mesmo ponto, dirigem-se a diversos pontos, sem que eles impeçam um ao outro de passar ou dependam um do outro. Como vedes na sexta figura, vários raios vêm dos pontos ABCD (dos quais alguns se reúnem no ponto E) e vários vêm de um só ponto D (os quais se estendem uns para o ponto E, outros para o ponto K e para uma infinidade de outros lugares).[5]

O mesmo pode ser visto nas diversas forças que puxam as cordas 1,2,3,4,5, as quais se reúnem todas na polia e a

---

[4] Essas figuras mostram que a eventual variação da trajetória das partículas que compõem, diríamos em termos modernos, o feixe de luz, não altera a direção retilínea do seu movimento. Nessa perspectiva, elas seguem uma linha reta imaginária, como mostra a figura que descreve a compactação dos desvios, ocasionados sobretudo pelo meio no qual se propaga a luz numa direção única. (N. do T.)

[5] Observar a figura 4 da página 88. (N. do T.)

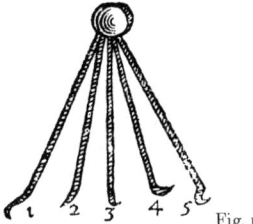

Fig. 14

resistência dessa polia estende-se a todas as diversas mãos que puxam as cordas.[6]

7. Para conceber como vários desses raios, vindos de diversos pontos e indo para diversos pontos, podem passar por um mesmo ponto sem que um impeça o outro, como mostra a sexta figura (os raios AN e DL passam pelo ponto E),[7] é necessário considerar que cada uma das partes do segundo elemento é capaz de receber vários e diversos movimentos ao mesmo tempo, de sorte que aquela parte que está, por exemplo, no ponto E pode, por um lado, ser empurrada toda ela junta para L, pela ação que vem do lugar do Sol (ponto D), e, por outro, ser simultaneamente empurrada para N por aquelas outras partes que vêm do lugar marcado pelo ponto A. Entendereis isso ainda melhor se considerardes que se pode empurrar o ar ao mesmo tempo de F para G, de H para I e de K para L, pelos três túneis FG, HI, KL, sendo esses túneis extremamente unidos pelo ponto N; de modo que todo ar que passa pelo meio de cada túnel deve necessariamente passar no meio dos outros dois.

[102]

---

[6] Essa figura nos mostra que raios contidos num feixe de luz não são necessariamente paralelos uns aos outros – ainda que sigam em todos os casos uma trajetória retilínea –, de sorte que eles podem emanar de um único ponto, tal como o centro da polia, em direção a pontos diferentes. (N. do T.)

[7] Observar a figura 4 da página 88. (N. do T.)

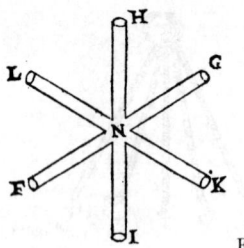

Fig. 15

8. Essa mesma comparação pode servir para explicar como uma forte luz impede o efeito daquelas que são fracas, pois se se empurrar com mais força o ar através do tubo F em relação aos tubos H ou K, ele não tenderá, de forma nenhuma, para I, nem para L, mas apenas para G.[8]

---

[8] As propriedades 7 e 8 versam sobre a colisão entre os feixes de luz, cuja variação se dá em função da força desses raios. Considerando que o ar tem propriedades extremamente diferentes daquelas da luz, a figura exibida acima faz apelo a uma comparação pouco satisfatória, pois a especificidade do comportamento da luz, singularizada na disposição de suas partículas, é usurpada quando comparada ao ar, no qual as partículas têm uma outra dinâmica. Considerando ainda que Descartes concebe a luz como um elemento corpuscular, a analogia desemboca num inevitável erro. A física cartesiana condiciona a ação dos feixes de luz sobre os outros à força desses feixes. Como a força do movimento do ar no interior do esquema desenhado na figura, os raios luminosos se cruzam, mas, diferentemente das correntes de ar dentro dos tubos, não sofrem desvios em suas trajetórias. A oitava propriedade descrita por Descartes é claramente falsa em relação à óptica clássica, porém particularmente salutar para compreendermos a visão da mecânica material cartesiana, que a tudo capitula como grandeza. Esse será um notável ponto de desacordo entre Huygens (1629-1695) e Descartes, visto que a luz, segundo Huygens, deve ser considerada como uma onda, não tendo seu comportamento submetido à mecânica clássica e exigindo, por conseguinte, um estudo que a considere desprovida de propriedades da dinâmica, às quais a matéria está subordinada. (N. do T.)

9-10. Já expliquei suficientemente, em outra oportunidade, o que diz respeito à reflexão e à refração.[9] Com efeito, considerando que me servi, naquela ocasião, do exemplo de uma bala, em vez de falar de raios da luz, no intuito de tornar meu discurso mais inteligível, resta-me fazer com que considereis que a ação ou a inclinação de se mover, que é transmitida de um lugar a outro por meio de vários corpos que se entrechocam (sem interrupção) em todos os espaços que existem entre dois lugares, segue necessariamente a mesma via por onde essa mesma ação poderá fazer mover o primeiro desses corpos – se os outros não estiverem em seu caminho –, sem que haja qualquer outra diferença dessa ação em relação àquela da luz senão apenas pela necessidade de um certo tempo para esses corpos se moverem, ao passo que a ação da luz, por meio daqueles que a tocam, estende-se a todas as sortes de distância em um instante.[10] De onde se segue que, assim como uma bala se reflete (quando ela se choca contra uma rede) e sofre refração (quando ela entra obliquamente na água e quando não sai); os raios de luz, do mesmo modo, quando encontram um corpo que não permite que passem, devem se refletir e quando eles entram obliquamente num lugar por onde eles podem se estender e sair sem grandes dificuldades, então eles devem também, no seu ponto de inflexão, retornar e sofrer refração.

11.-12. Enfim, a força da luz é não apenas maior ou menor em cada lugar, segundo a quantidade de raios que se reúnem, mas ela também pode ser aumentada ou diminuída pelas diversas posições dos corpos que se encontram no lugar por onde ela passa. Assim, a velocidade de uma bala ou de uma pedra, que jogamos no ar, pode ser aumentada pelo vento

---

[9] Essa explicação fora dada no *Dioptrique*, publicado apenas em 1637 como um dos livros que compõe o *Discurso do Método*. (N. do T.)

[10] Descartes considera instantânea a ação ou, mais precisamente, a velocidade da luz, de modo que ela pode percorrer qualquer distância em um único instante. (N. do T.)

que a sopra para o mesmo lado para o qual ela se move e ser diminuída caso ela esteja contrária ao vento.

QUE A FACE DO CÉU DESSE MUNDO NOVO
deve parecer aos seus habitantes absolutamente semelhante àquela do nosso mundo

Tendo assim explicado a natureza e a propriedade da ação que tomo por luz, convém que eu explique como, por meio dessa ação, os habitantes do planeta, que suponho ser a Terra, podem ver a face do seu céu absolutamente parecida com aquela do nosso.

Primeiramente, não há dúvida de que os referidos habitantes não devem ver o corpo S totalmente pleno de luz e parecido com o nosso Sol, visto que esse corpo envia raios de todos os pontos da superfície em direção aos nossos olhos.[1] E porque o corpo S existe muito mais próximo desses habitantes do que as estrelas, ele deve parecer a eles muito maior. É verdadeiro que as partes do céu ABCD, que giram em torno da Terra, fazem alguma resistência a esses raios, mas devido ao fato de que as partes do grande céu, que estão depois de S e até D, fazem com que esses raios saiam, as partes do céu que estão depois de D até T, estando apenas num pequeno número (em comparação com aqueles raios), podem tirar apenas um pouco da força dos referidos raios. E mesmo todas as ações das partes do grande céu FGGF não são suficientes para impedir que os raios de várias estrelas fixas cheguem à Terra, no lado em que ela não é clareada pelo Sol.

---

[1] Observar figura 2 da página 74. (N. do T.)

Pois convém saber que os grandes céus, isto é, aqueles que têm uma estrela fixa ou o Sol como seu centro, ainda que possam ser bastante desiguais em termos de grandeza, devem ser exatamente iguais em termos de força, de sorte que toda a matéria que está, por exemplo, na linha SB, deve tender também para ε, que aquela que está na linha εB para S. Pois, se eles não tivessem, entre eles, essa igualdade, destruir-se-iam inevitavelmente em pouco tempo, ou, ao menos, mudariam até que a houvessem adquirido.

Ora, considerando que toda a força do raio SB é, por exemplo, igual àquela do raio εB, é manifesto que a força do raio TB, que é menor, não pode impedir a força do raio εB de se estender até T. Do mesmo modo, é evidente que a estrela A pode estender seus raios até à Terra (T), enquanto a matéria do céu (que está depois de A e vai até 2), ajudá-la, em detrimento da força de resistência que lhe é oferecida pela matéria que está depois de 4 e vai até T. Com isso aquela matéria que está depois de 3 até 4 não lhe ajuda menos que lhe resiste a matéria que está depois de 3 até 2. Assim, julgando segundo outras proporções, podeis entender que essas estrelas não devem parecer menos confusamente arranjadas, em menor número ou ainda desiguais entre elas, em relação àquelas que nós vemos no mundo verdadeiro.

Convém ainda que considereis, no tocante ao arranjo dessas estrelas, que elas não podem quase nunca aparecer – no verdadeiro mundo – no lugar onde elas estão. Pois, por exemplo, aquela que é marcada pelo ponto ε aparece como se estivesse na linha TB, e a estrela A como se estivesse na linha T4. A razão para isso é que, sendo os céus desiguais em grandeza, as superfícies que os separam (através das quais os raios atravessam o céu para seguirem dessas estrelas à Terra) não se encontram quase nunca dispostas a encontrarem esses raios em ângulos retos. Assim, quando os raios encontram essas superfícies obliquamente, é certo que, seguindo o que foi demonstrado na *Dioptrique*, eles devem se curvar e sofrer muitas refrações à medida que passarem mais facilmente por um lado dessa superfície do que pelo outro. Ademais, convém supor que, se essas linhas TB, T4, e outras semelhantes – extremamente longas em relação ao diâmetro do círculo que a Terra descreve em torno do Sol – estão em qualquer lugar no círculo descrito pela Terra, os homens vêem, por meio da ajuda dela, sempre as estrelas como fixas e ligadas aos mesmos lugares no firmamento; isto é, para usar os termos dos astrônomos, eles não podem observar nelas paralaxes.[2]

Considerai também, no tocante ao número de estrelas, que freqüentemente uma mesma estrela pode aparecer em diversos lugares, por conta das diversas superfícies que desviam os seus raios em direção à Terra.[3] Como aqui, aquela que está marcada pelo ponto A aparece na linha T4 por meio do raio A24T e, semelhantemente, na linha Tf por meio do raio A6fT, da mesma maneira que se multiplicam os objetos que se observa através dos vidros ou através de outros corpos transparentes, que são talhados em diversos níveis.

Ademais, considerai, no tocante à grandeza das estrelas, que, ainda que elas devam parecer muito menores em relação ao que de fato são, por conta da extrema distância em que se encontram. Ainda que a maior parte dessas estrelas existam, nem todas elas devem aparecer para nós por essa mesma razão e por algumas outras, posto que elas aparecem apenas porque o raio de várias delas juntas torna as partes do firmamento

---

[2] O termo *paralaxe* designa o aparente deslocamento angular de um corpo celeste devido ao fato de ser observado a partir da superfície e não do centro da Terra, ou por ser observado a partir da Terra e não do Sol. Deve-se notar também que, a despeito de as leis de Kepler (1571-1630) preconizarem que a órbita dos astros é elíptica, para Descartes, assim como para Galileu, a figura que corresponde àquelas órbitas é a circunferência. (N. do T.)

[3] A irregularidade das superfícies do céu provoca o desvio na trajetória da luz, tornando difícil saber a posição exata das estrelas fixas das quais ela emana. (N. do T.)

um pouco mais oscilantes e parecidas com certas estrelas, que os astrônomos chamam de nebulosas, ou parecidas com esse grande cinturão em nosso céu, que os poetas dizem ser embranquecido pelo leite de Juno. Todavia, no que diz respeito àquelas que estão menos afastadas, é suficiente supor que elas são mais ou menos iguais ao nosso Sol para julgar que possam ser também grandes como são as maiores de nosso mundo.

Pois todos os corpos que enviam os mais fortes raios contra os olhos daqueles que enxergam, que são aqueles que os cercam, parecem também proporcionalmente maiores que aqueles que enxergam e, por conseqüência, essas estrelas devem sempre parecer maiores que as partes do seu céu que são iguais a elas e que lhe circundam (assim como expliquei há pouco). As superfícies FG, GC, GF e outras onde ocorrem as refrações podem ser curvadas de tal maneira que aumentam a sua grandeza; de sorte que, mesmo sendo todas elas planas, elas aumentam sua grandeza.[4]

Além disso, é bastante verossímil que essas superfícies, estando numa matéria muito fluida e que não cessa jamais de se mover, devem oscilar e ondular sempre um pouco; por conseqüência, as estrelas que se vêm através do céu devem parecer brilhantes e de algum modo trêmulas para nossos olhos e, por causa de sua tremedeira, devem parecer um pouco mais grossas, assim como a imagem da Lua no fundo de uma superfície não é muito trêmula nem muita agitada, ou como um lago que é pouco agitado pelo sopro de um certo vento.

Enfim, pode acontecer, pela sucessão do tempo, que essas superfícies mudem um pouco ou mesmo que algumas se curvem, num tempo notavelmente pequeno, sobretudo

---

[4] A passagem dos cometas altera a disposição da matéria do céu, promovendo uma mudança na disposição das estrelas fixas que, imersas nessa matéria, aparecem e desaparecem em função da variação de suas grandezas. (N. do T.)

quando um cometa se aproxima delas, e por conta disso várias estrelas, após um longo tempo, são mudadas de lugar sem serem mudadas de grandeza, ou são um pouco mudadas de grandeza sem serem mudadas de lugar; e, assim, algumas começam muito sutilmente a aparecer ou a desaparecer, da mesma maneira que se vê acontecer no mundo verdadeiro.

No que concerne aos planetas ou aos cometas que estão no mesmo céu que o Sol, sabendo que as partes do terceiro elemento, do qual eles são compostos, são tão grossas ou tão juntas (quando várias são reunidas) que podem resistir à ação da luz, então é fácil entender que elas deviam aparecer por meio dos raios que o Sol envia em direção a elas e que se refletem de lá até a Terra. Assim como os objetos opacos ou obscuros que estão dentro de um quarto podem ser vistos por meio dos raios de uma chama que os clareia e que retorna de lá para os olhos daquele que vê. Os raios do Sol têm uma grande vantagem em relação àqueles de uma chama, a qual consiste no fato de que a sua força conserva-se ou mesmo aumenta na medida em que eles se afastam do Sol até terem chegado à superfície exterior do seu céu, dado que toda matéria desse céu tende para lá, ao passo que os raios de uma chama se enfraquecem na medida em que se afastam em razão da grandeza das superfícies esféricas que iluminam e ainda mais por causa da resistência do ar por onde eles passam. De onde se segue que os objetos que estão próximos dessa chama são notavelmente mais clareados do que aqueles que estão longe, e os mais baixos planetas não são, na mesma proporção, mais clareados pelo Sol do que os outros que estão mais altos, nem mesmo são mais clareados do que os cometas, os quais estão incomparavelmente mais afastados.[5]

[109]

---

[5] Os raios de luz que emanam do Sol se propagam mais facilmente do que aqueles do fogo, que incendeia os corpos terrestres, porque o curso da matéria do céu os empurra em direção à Terra, ao passo que os raios de luz que emanam do fogo sofrem uma forte resistência do ar que torna mais difícil

Ora, a experiência nos mostra que semelhante fato ocorre também no mundo verdadeiro.[6] Com efeito, não acredito que seja possível fornecer uma razão, se não se supõe que a luz seja uma ação ou uma disposição tal como expliquei aqui. Digo uma ação ou uma disposição pois, se haveis prestado atenção naquilo que demonstrei à exaustão – que, se o espaço onde está o Sol fosse vazio, as partes do seu céu não deixariam de tender para os olhos daqueles que vêem, do mesmo modo que ocorre quando elas são empurradas por sua matéria, ainda que com força parecida –, podeis bem julgar que não há necessidade de a luz ter em si quase nenhuma ação, nem nenhuma outra coisa senão que haja um espaço puro[7] para que ela possa aparecer tal como nós a vemos; o que podeis ter tomado antes como uma proposição extremamente paradoxal. De resto, o movimento que esses planetas têm em torno do seu centro é a causa de eles brilharem, mas eles brilham com muito menos força e de uma outra forma em relação às estrelas fixas, ao passo que a Lua, por ser privada desse movimento, não brilha de modo nenhum.

No que diz respeito aos cometas que não estão no mesmo céu do Sol, eles não podem enviar seus raios à Terra de muito perto, nem de muito longe, mesmo quando todos os seus raios são pressionados a entrar na Terra. Por conseqüência, esses cometas não podem ser vistos pelos homens, senão talvez de forma tênue, ao passo que sua grandeza é extraordinária. A

---

seu deslocamento na superfície terrestre. Assim, a resistência do meio por onde se propaga a luz determina a quantidade de luz que ilumina um certo corpo. (N. do T.)

[6] A experiência sensível longe de ser postergada por sua eventual ineficácia, no que concerne à instauração da certeza do conhecimento, ela apresenta-se no sistema cartesiano enquanto condição para verificação empírica das proposições científicas. Ao contrário da opinião corrente sobre a ciência cartesiana, devemos notar que uma proposição científica não pode ser exeqüível senão experimentalmente. (N. do T.)

[7] Espaço puro é um espaço no qual a matéria oferece pouca resistência. (N. do T.)

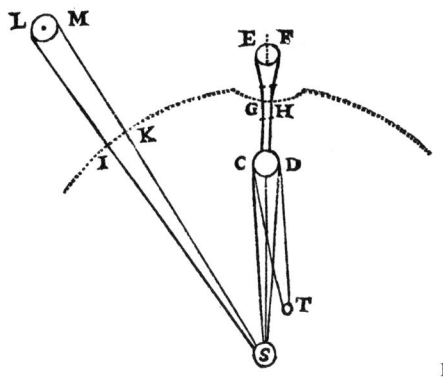

Fig. 16

razão é que a maior parte dos raios que o Sol envia para os cometas são afastados — como se fossem dissipados — pela refração que sofrem ao passarem pelo firmamento.

Pois, por exemplo, no lugar em que o cometa CD receber do Sol S todos os raios que estão entre as linhas SC, SD e reenviar à Terra todos aqueles que estão entre as linhas CT, DT, é necessário pensar que o cometa EF recebe do mesmo Sol apenas os raios que estão entre as linhas SGE, SHF, uma vez que esses raios, passando muito mais facilmente pela região compreendida entre S a superfície GH (que tomo como uma parte do firmamento), não podem passar para além dela; a sua refração deve, pois, ser muito grande e dirigir-se para fora daquela região. Isso faz com que se desviem vários desses raios, impedindo-os de ir em direção ao cometa EF principalmente em virtude de a superfície CH ser curvada no seu interior em direção ao Sol, assim como sabeis que ela deve se curvar quando um cometa se aproximar. Ainda que ela fosse toda plana, ou mesmo curvada para o outro lado, a maior parte dos raios que o Sol enviaria a ela seriam impedidos pela refração, se não de ir até aquela superfície, ao menos de retornar de lá para a Terra. Como, por exemplo, supondo que a parte do firmamento IK é uma porção da esfera cujo centro é dado pelo ponto S, os raios SIL, SKM não deveriam, de modo algum, curvar-se, indo para o cometa LM, mas, pelo contrário, deveriam curvar-se bastante, retornando de lá para a Terra, de sorte que eles só poderiam chegar à Terra fracos e numa pequena quantidade. Ademais, isso só ocorre quando o cometa está muito longe do céu que contém o Sol; caso contrário, se o cometa estivesse próximo àquele céu, ele seria curvado no interior de sua superfície. Esse afastamento do cometa impede também que ele receba raios só quando estiver perto de entrar. E no que concerne aos raios que os cometas recebem das estrelas quando estão no centro do céu que as contém, eles não podem enviá-los à Terra, assim como a Lua, sendo nova, não envia os raios do Sol à Terra.

Mas o que há de mais notável nesses cometas é a refração dos seus raios, que é normalmente a causa daquilo que se parece com uma forma de linha ou de cauda em torno deles.

Assim, entendeis facilmente, olhando para essa figura, na qual S é o Sol, C um cometa, EBG a esfera – que, seguindo o que foi dito acima, é composta das partes do segundo elemento que são mais grossas e as menos agitadas de todas –, e DA é o círculo descrito pelo movimento anual da Terra, que o raio que vêm de C para B passa retilineamente até o ponto A, mas que, além disso, ele começa no ponto B a dilatar-se e a dividir-se em vários outros raios que se estendem para todos os lados, de sorte que cada um deles encontra-se cada vez mais fraco e separa-se bastante em relação àquele do meio BA, o qual é o principal e o mais forte. Depois, que o raio CE começa (estando no ponto E) a dilatar-se e a dividir-se também em vários outros raios, como EH, EY, ES, mas que o principal e o mais forte deles é EH e o mais fraco é ES. Desse mesmo modo, o raio CG passa, principalmente, de G para I, mas, além disso, separa-se e vai em direção a S e a todos os

Fig. 17

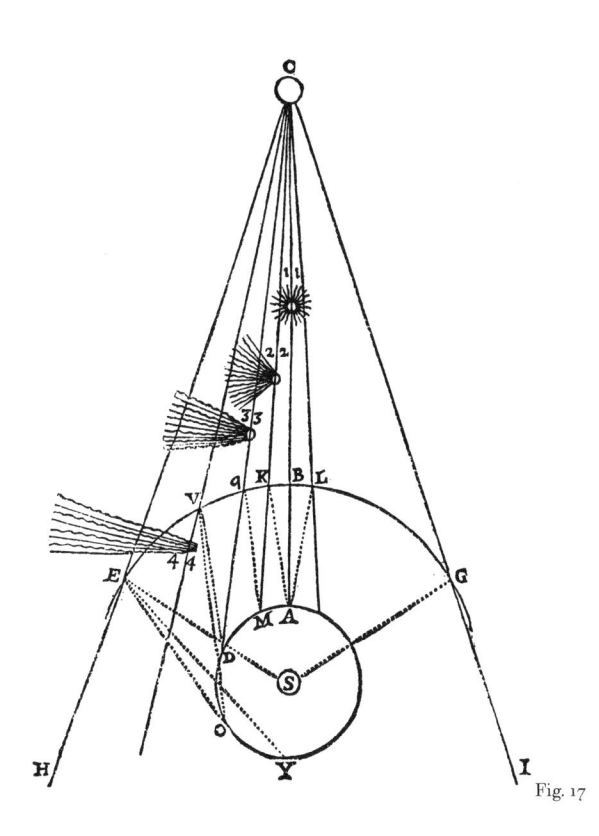

espaços que estão entre GI e GS; enfim, todos os outros raios que podem ser imaginados entre esses três CE, CB, CG, retêm uma certa parcela da natureza de cada um deles, conforme eles lhe são mais ou menos próximos. A isso eu poderia acrescentar que os raios devem ser um pouco curvados pra o Sol, mas esse fato não é necessário para o que trato aqui e prefiro omitir freqüentemente muitas coisas a fim de tornar aquelas que explico mais simples e fáceis.[8]

Ora, supondo tal refração, é manifesto que quando a Terra está próxima a A, não apenas o raio BA deve tornar visível aos homens que ilumina o corpo do cometa C, mas também que os raios LA, KA e outros semelhantes, os quais são mais fracos que BA, vêm em direção aos olhos dos homens, quando fazem aparecer uma coroa ou cauda de luz, espalhada igualmente em todos os lados em torno do referido cometa (como vedes no ponto marcado 11), a menos que esses raios sejam muito fortes para serem sentidos; assim como pode ocorrer, com freqüência, quando advêm dos cometas, que nós supomos deter raios muito grossos. Mas isso não ocorre quando eles vêm ou dos planetas ou das estrelas fixas (nas quais convém imaginar que os referidos raios são ainda menores).

É manifesto que, quando a Terra está próxima a M e o cometa aparece por meio do raio CKM, a cabeleira desse cometa deve aparecer por meio de QM e por meio de todos os outros raios que tendem para M, de sorte que o cometa estende-se mais longe do que antes, em direção à parte oposta ao Sol e indo menos – ou de modo algum – em direção àquele que a olha, representado aqui por 22. E assim essa cauda aparece cada vez mais longa em direção oposta ao Sol. À medida em que a Terra é mais afastada do ponto A, ela

---

[8] O pragmatismo cartesiano estende-se ao método de disposição das proposições científicas: se conveniente para a melhor compreensão de um certo problema, deve-se agir com parcimônia quanto às variáveis pouco relevantes. Muitas vezes elas podem ser omitidas e facilitarem o entendimento da questão. (N. do T.)

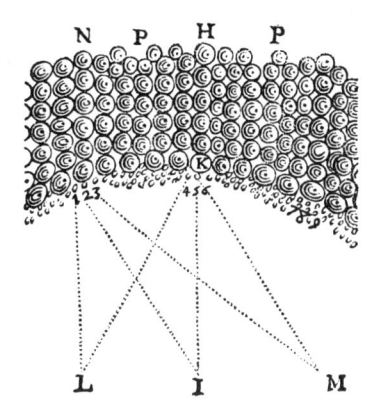

Fig. 18

perde um pouco da figura de uma cauda e transforma-se num longa cauda que o cometa traça após sua passagem. Como, por exemplo, a Terra estando próxima a D, os raios de QD, VD a fazem parecer semelhante a 33. E a Terra estando perto de O, os raios Vo, Eo e os outros semelhantes a eles fazem a cauda deixada pelo cometa parecer ainda mais longa; enfim, estando a Terra próxima a Y, não se pode mais ver o cometa por conta da interrupção do Sol, mas os raios VY, EY, e outros semelhantes a eles não deixam de fazer aparecer a referida cauda na forma de uma viga ou de uma chama tal como é mostrado por 44. É notável que, não sendo a esfera EBG sempre exatamente redonda (o que se aplica também às outras que ela contém), seja fácil julgar, a partir do que nós explicamos, que essas caudas ou lances de chamas não devem, sempre, parecer exatamente retas, nem, muito menos, no mesmo plano que o Sol.

No que concerne à refração, que é a causa de tudo isso, confesso que ela é de uma natureza muito particular e diferente de todas aquelas outras coisas que se observam normalmente alhures.

Com efeito, não deixareis de ver claramente que ela faz-se na forma que acabei de descrever, caso considereis que a bola H, sendo empurrada para I, empurra também todas aquelas que estão embaixo de K, mas que K, sendo cercado de vários outras menores como 4,5,6, empurra apenas 5 para I; contudo, ela empurra 4 para L e 6 para M, e assim ocorre com as outras, de sorte que K empurra aquela do meio (5) muito mais forte que empurra as outras (4, 6, e outras semelhantes) que estão ao lado. Do mesmo modo, que a bola N, sendo empurrada para L, empurra as pequenas bolas 1,2,3, uma para L, outra para I e outra para M, mas com a diferença de que a bola I é empurrada por ela muito mais fortemente, em relação a todas as outras, e não aquela bola do meio marcada pelo número 2. Ademais, as pequenas bolas 1,2,3,4 etc., sendo todas elas empurradas ao mesmo tempo pelas outras bolas N, P, H, P, impedem umas às outras de irem para os lados L e M da mesma forma fácil com a qual elas vão para o meio I. Desse modo, se todos os espaços LIM estavam plenos de pequenas bolas semelhantes, os raios de ação dessas bolas distribuem-se da mesma forma que aqueles raios dos cometas dentro da esfera EBG.

Caso objeteis que a desigualdade que existe entre as bolas N, P, H, P e 1,2,3,4 é muito maior que aquela que supus existir entre as partes do segundo elemento (as quais compõem a esfera EBG) e aquelas que estão embaixo dessa esfera e na direção do Sol, respondo que não se pode tirar do que foi exposto outra conseqüência senão que não se deve ter tanta refração nessa esfera EBG quanto há naquela que compõe as bolas 1,2,3,4 etc., mas que, existindo, logo em seguida, desigualdade entre partes do segundo elemento que estão imediatamente embaixo dessa esfera EBG e daquelas que estão ainda mais baixas e em direção ao Sol, essa refração aumenta cada vez mais, à medida que os raios penetram mais, de sorte que essa refração pode muito bem ser tão grande quanto aquela que ocorre no segundo elemento, ou mesmo maior, quando os raios chegam à esfera da Terra DAF, em relação à ação daquelas pequenas bolas 1,2,3,4 etc., quando essas últimas são empurradas. Pois é bem verossímil que as partes do segundo elemento que estão perto daquela esfera da Terra DAF não são menores em comparação com aquelas que estão perto da esfera EBG, que é composta por aquelas bolas 1,2,3,4 etc., nem em comparação com aquelas outras bolas N, P, H, P.[9]

---

[9] Como se vê, Descartes termina seu livro abruptamente, o que indica que provavelmente se trata de uma obra inacabada. (N. do T.)

TÍTULOS PUBLICADOS

1. *Iracema*, Alencar
2. *Don Juan*, Molière
3. *Contos indianos*, Mallarmé
4. *Auto da barca do Inferno*, Gil Vicente
5. *Poemas completos de Alberto Caeiro*, Pessoa
6. *Triunfos*, Petrarca
7. *A cidade e as serras*, Eça
8. *O retrato de Dorian Gray*, Wilde
9. *A história trágica do Doutor Fausto*, Marlowe
10. *Os sofrimentos do jovem Werther*, Goethe
11. *Dos novos sistemas na arte*, Maliévitch
12. *Mensagem*, Pessoa
13. *Metamorfoses*, Ovídio
14. *Micromegas e outros contos*, Voltaire
15. *O sobrinho de Rameau*, Diderot
16. *Carta sobre a tolerância*, Locke
17. *O príncipe*, Maquiavel
18. *Dao De Jing*, Laozi
19. *O fim do ciúme e outros contos*, Proust
20. *Pequenos poemas em prosa*, Baudelaire
21. *Fé e saber*, Hegel
22. *Joana d'Arc*, Michelet
23. *Livro dos mandamentos | 248 preceitos positivos*, Maimônides
24. *O indivíduo, a sociedade e o Estado, e outros textos*, Emma Goldman
25. *A vida é sonho*, Calderón
26. *Eu acuso! | O processo do capitão Dreyfus*, Zola | Rui Barbosa
27. *Apologia de Galileu*, Campanella
28. *Sobre verdade e mentira*, Nietzsche
29. *O indivíduo, a sociedade e o Estado*, Emma Goldman
30. *O princípio anarquista e outros ensaios*, Kropotkin
31. *Os sovietes traídos pelos bolcheviques*, Rocker
32. *Poemas*, Byron
33. *Sonetos*, Shakespeare
34. *Escritos revolucionários*, Malatesta
35. *Sagas*, Strindberg
36. *O mundo ou tratado da luz*, Descartes
37. *O Ateneu*, Raul Pompéia

Edição	Jorge Sallum
Co-edição	André Fernandes e Bruno Costa
Capa e projeto gráfico	Júlio Dui e Renan Costa Lima
Programação em LaTeX	Marcelo Freitas
Consultoria em LaTeX	Roberto Maluhy Jr.
Preparação	Oliver Tolle
Revisão	Lucas Consolin e Jorge Sallum
Colofão	Adverte-se aos curiosos que se imprimiu esta obra nas oficinas da gráfica Vida & Consciência em 20 de fevereiro de 2008, em papel off-set 90 gramas, composta em tipologia Walbaum Monotype de corpo oito a treze e Courier de corpo sete, em plataforma Linux (Gentoo, Ubuntu), com os softwares livres Gimp, Aspell, LaTeX, DeTeX, svn e trac.